城市道路精细化养护管理与技术

李 坤 孟 均 主编

中国建筑工业出版社

图书在版编目（CIP）数据

城市道路精细化养护管理与技术/李坤，孟均主编. —北京：中国建筑工业出版社，2020.1
ISBN 978-7-112-24771-4

Ⅰ.①城… Ⅱ.①李… ②孟… Ⅲ.①城市道路-公路养护 Ⅳ.①U418

中国版本图书馆CIP数据核字（2020）第022247号

城市道路作为城市建设的重要组成部分，是提高城市活力、推动经济发展、满足出行需求、提升城市形象的重要基础设施。城市道路养护技术是有效发挥城市道路功能性、服务性的重要保障。本书结合城市道路养护的法律法规、管理制度规范及养护技术标准，首先介绍了城市道路养护的基础知识，包含城市道路养护主要内容、常见病害和成因、养护作业分类、常用机械设备及用途，以及城市道路用户作业管理体系；接着介绍了城市道路养护的组织与实施，包含城市道路养护巡查、城市道路技术状况检测与评定、养护维修计划制定及实施、城市道路养护管理信息化系统，以及城市道路占据路及穿跨越监管内容；再重点介绍了城市道路典型病害精细化养护作业方法，包含检查井井盖专项治理、无障碍设施治理、沥青面层病害治理、沿线圆头更换、沿线树池口更换与整修、沿线路缘石维修、公交站台治理及不开槽沥青路面灌缝、贴缝技术；最后介绍了超薄罩面预防性养护技术、沥青抗车辙技术、温拌沥青混合料等新技术在城市道路养护中的应用，以及城市道路养护安全作业管理与文明环保施工管理。

本书可供从事市政工程、道路工程等相关领域的科研人员与工程技术人员参考。

责任编辑：咸大庆　范业庶　曹丹丹
责任校对：张惠雯

城市道路精细化养护管理与技术
李　坤　孟　均　主编
*
中国建筑工业出版社出版、发行（北京海淀三里河路9号）
各地新华书店、建筑书店经销
霸州市顺浩图文科技发展有限公司制版
北京建筑工业印刷厂印刷
*
开本：787×1092毫米　1/16　印张：10　字数：248千字
2020年4月第一版　2020年4月第一次印刷
定价：**39.00**元
ISBN 978-7-112-24771-4
（35328）

编写委员会

主　　编：李　坤　孟　均

编写人员：吴俊宁　商旭光　董雨明　甘　锋　张爱君　杨　杨

　　　　　刘　鑫　王陆军　王　强　冯春彦　雷　辰　张　强

　　　　　邓　华　冯　雨　徐　宁　刘　岩　董晓伟　王怀中

参编单位：北京市政路桥管理养护集团有限公司

　　　　　北京城市道路养护管理中心

　　　　　北京市政路桥建材集团研发中心

　　　　　北京市政路桥养护集团市政工程二处

　　　　　北京市政路桥养护集团瑞通十九处

前　言

自 2013 年我作为信息化人才被引进到北京市政路桥管理养护集团有限公司（以下简称"养护集团"）以来，开始几年是快乐而忙碌的，我主持的北京市道路多维管理与服务平台投入使用，其中包括十几个业务系统，实现了养护集团近 8000km 管养道路的 BIM 化；取得了一系列的成果（专利权、软件著作权），并助力养护集团申报高新技术企业，享受多项优惠政策；建设成果获得多项奖励，个人也得到各种荣誉，经常受邀在不同的论坛、单位就道路信息化建设进行汇报交流。每年都有全国同行到单位交流，接待了一波又一波的参观团，借此东风，我们组织了一个营销队伍对外进行推广，与五六个城市签署了信息化建设合同。从 2015 年开始，我就开始在向行业主管部门申报课题、汇报，在不同场合讲课，为各种课题评审当专家，向同行推广、承接信息化项目，还牵头编写了《道路多维管理信息化技术》一书，一切看起来都如烈火烹油般的繁花似锦。

2015 年国务院提出"互联网＋"的发展规划，各个行业都开始了信息化，与互联网进行连接，好像只要触网就一切皆有可能，我们的道路信息化建设也搭了这股东风，飞了起来。后来我开始感觉到有问题，道路信息化建设到底是为谁服务？到底解决了什么问题？这两个问题好像没有很好的答案。业内也开始反思，是应该"互联网＋行业"，还是应该"行业＋互联网"。作为道路养护这种传统行业来说，需要技术创新和管理创新两种手段相辅相成才能促进行业发展。技术创新是物质的、是基础，而管理创新是精神的、是灵魂。我做了 5 年的道路信息化建设，都是在具体事上打转转，并没有触及灵魂，也就没有取得多大的实际成绩，为此我近两年来陷入了深深的思考中。

与李坤认识多年，经常交流，熟络起来是因为 2015 年底的井盖治理工作，他时任集团养护部副部长。一天下午，他找到我说："北京市路政局安排井盖治理，现在是既不知道有多少井盖坏了，也不知道是谁的，更不知道掏多少钱修、谁掏钱，目前局里在安排摸底，只能是人工上路找，拿个本子记，你有没有什么好办法？"我说："这个容易，我把现在的道路巡查 APP 改一下，你安排人用它去拍照片，并录入病害和管理单位，我在后台按照道路和管养单位分别统计结果就行，估计几天就可以让你们用起来。"李坤听了很兴奋，说这太好了，马上就把养护部具体负责人员叫过来，我召集开发人员一起开会，半个小时就理清了思路，到了两天后已经采集了几条路的井盖破损数据，在北京市路政局井盖治理例会上，李坤展示了调查的思路和初步成果，得到了路政局领导的高度赞许，并用这个 APP 开展全北京市的井盖调查。后来效果出奇的好，摸清了井盖的数量，并可以按照各种方法统计；建立了井盖治理工作流程，各井盖业主单位还可以就修复进行意见反馈，不同意修的可以协商。用领导的话来说："不用再开那么多的会，事情都在手机上解决了；也不用扯皮了，治理计划一下达，谁的责任很清楚，干到什么程度很明白，而且是大家都明白。"

随着承接各城市道路信息化系统建设的增多，我一直在思考，怎样能够更好地为当地业主服务，怎么能解决具体的问题？我带领的养护集团科研中心有20多人，我们这些人未来的出路在哪里？经过反复的思考，我感觉还是信息化服务要下沉，解决养护管理工作中的具体问题，就像井盖管理一样，找到行业管理的"痛点"，如果能结合养护集团在养护上的先进经验及做法形成一套管理体系，就能实现在外地城市的"降维打击"，也促进了集团主业的发展。

李坤到养护集团市政工程二处任职经理后，我们一起做了北京来广营乡的门前三包管理系统、工程经营管理系统，目前又在内蒙古赤峰进行整体的养护项目合作，工作的融合点越来越多。我们不约而同地想到了一件事，就城市道路的精细化改造以及信息化管理工作一起写本书，把这件事说清楚，也通过这本书的编写，把我们的工作梳理一下，更好地进行传统业务与信息化技术的融合提升。

在本书的写作过程中我们组建了一个小团队，养护集团市政二处吴俊宁在养护技术、养护集团科研中心商旭光在信息化建设、北京市政路桥建材集团研发中心董雨明在路面材料等方面是主要的撰稿人，大家都付出了辛勤的劳动，也建立了深厚的友情。特别感谢北京市交通委员会城市道路养护中心为本书的编写提供的支持与帮助。

本书因为时间仓促，我们的水平有限，还显得稚嫩，但这是我们融合的第一步，随着发展的深入，我们会继续总结提升，形成一套完整的"长安街管养模式"。

孟 均

目　录

第 **1** 章 ▷▷▷

城市道路养护法规制度及技术标准

近年来，我国城镇化建设步伐加快，机动车保有量日益增长。城市道路作为城市建设的重要组成部分，是促进城市活力、推动经济发展、满足出行需求、提升城市形象的重要基础设施。城市道路养护技术是有效发挥城市道路功能性、服务性的重要保障。

1.1 城市道路养护法律法规

为了加强城市道路管理，保障城市道路完好，充分发挥城市道路功能，促进城市经济和社会发展，我国对城市道路的管理、养护工作提出了明确要求。

2017 年，国务院对 1996 年颁布的《城市道路管理条例》进行了修订。该条例针对城市道路的规划、建设、养护、维修及路政管理等内容进行了明确规定。详见《城市道路管理条例》第二条、第四条、第二十条至第二十五条。

1.2 城市道路养护管理制度规范

1.2.1 城市道路管理条例

《城市道路管理条例》第四章第二十六条至第三十八条，对城市道路路政管理进行了明确规定。

1.2.2 北京市城市道路管理办法

2005 年，北京市在《城市道路管理条例》的基础上，针对北京实际道路情况颁布了《北京市城市道路管理办法》（图 1.2-1），办法明确了城市道路养护维修的责任部门及相关规定，详见第十四条、第十七条与第二十一条。

1.2.3 地下工程穿越交通设施安全监管办法

1. 北京市路政局红头文件

2008 年，北京市路政局印发《地下工程穿越交通设施安全监管暂行办法》（图 1.2-2），

北京市城市道路管理办法

第 156 号

《北京市城市道路管理办法》已经 2005 年 5 月 8 日市人民政府第 38 次常务会议审议通过，现予公布，自 2005 年 8 月 1 日起施行。

市 长

二○○五年六月一日

图 1.2-1　北京市城市道路管理办法

加强对地下工程穿越交通设施的安全监管，确保交通设施的安全运行。办法对养护单位的职责定位进行了明确规定，详见第四条、第十二条和第十八条。

北京市路政局文件

京路法制发〔2008〕64 号

北京市路政局关于印发《地下工程穿越交通设施安全监管暂行办法》的通知

图 1.2-2　安全监管暂行办法通知

2. 企业管理办法

为做好地下工程穿越交通设施安全监管工作，明确监管责任，规范监管行为，确保交通设施安全运行，提升交通路政行业形象，北京市政路桥养护集团特制定《地下工程穿越交通设施安全监管工作管理办法》。

1.2.4　北京市城市道路接养管理暂行办法

为明确城市道路接养程序，规范接养管理行为，保证城市道路接养工作的顺利进行，2006 年，北京市路政局印发《北京市城市道路接养管理暂行办法》（图 1.2-3）。

北京市路政局文件

京路法制发〔2006〕293 号

关于印发《北京市城市道路接养管理暂行办法》通知

图 1.2-3　接养管理暂行办法通知

1.3　城市道路养护技术标准

1.3.1　国家及行业标准

《城镇道路养护技术规范》是我国住房城乡建设部颁布的针对城市道路养护的专业技术规范（图 1.3-1），2016 年修订的《城镇道路养护技术规范》在原规范的基础上总结了我国近 20 年来城市道路养护技术的科研成果和实践经验，同时借鉴了国内外的试验资料和标准规定，全面系统地规范了目前我国城市道路养护的各项技术要求，为提高城市道路的服务水平和道路设施的安全运行提供了技术保障。

图 1.3-1　城镇道路养护技术规范

修订的主要技术内容是：

（1）增加了预防性养护技术的相关要求，包括：预防性养护的概念，预防性养护时机的选择，病害预处置的要求，预防性养护措施及相关规定，以及预防性养护工程检查与验收的标准；

（2）增加了技术档案管理，包括技术档案管理的一般规定，道路检查及养护工程资料的相关要求以及档案管理和信息化管理的要求。

1.3.2　地方技术标准

1. 北京市地方标准《城市道路日常养护作业规程》

为保证北京市城市道路的养护维修作业质量，提高养护水平，规范养护维修作业，促进城市道路养护维修作业标准化、规范化、精细化，特制定《城市道路日常养护作业规程》（图 1.3-2）。城市道路的养护应贯彻精细化管理思想，在满足交通基本需求的同时，重视道路设施的人性化和功能化理念，兼顾道路综合景观的提升和与周边环境的协调。

2. 北京市地方标准《北京市城市桥梁养护作业规程（试行）》

为保证北京市城市桥梁的养护维修作业质量，提高养护水平，规范养护维修作业，促进城市桥梁养护维修作业标准化、规范化、精细化，特制定《北京市城市桥梁养护作业规程（试行）》（图 1.3-3）。城市桥梁的养护宜实行桥梁养护工程师制度，设置专职的桥梁养护工程师，并保持其人员的相对稳定。

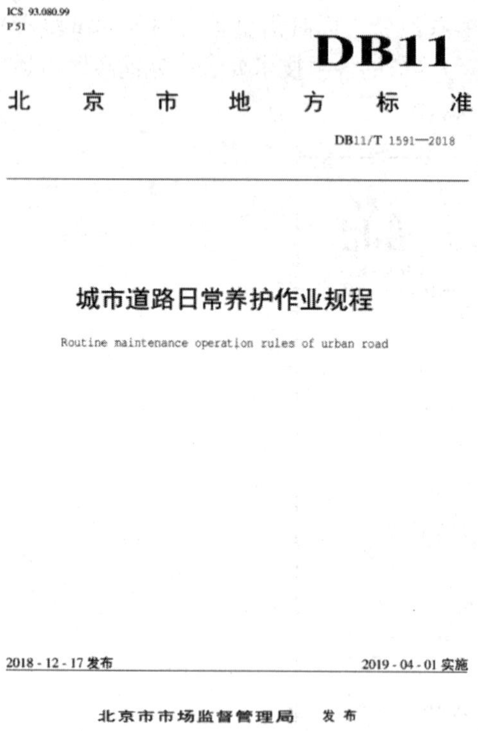

ICS 93.080.99
P 51

DB11

北 京 市 地 方 标 准

DB11/T 1591—2018

城市道路日常养护作业规程

Routine maintenance operation rules of urban road

2018 - 12 - 17 发布　　　　　　2019 - 04 - 01 实施

北京市市场监督管理局　发布

图 1.3-2　城市道路日常养护作业规程

北京市城市桥梁养护作业规程

Beijing Urban Bridge Maintenance Specification

（试行）

20** - ** - ** 发布　　　　20** - ** - ** 实施

北京市交通委员会路政局

图 1.3-3　北京市城市桥梁养护作业规程

3. 《北京市城市道路路名牌实施导则》

为进一步加强城市管理，提升城市道路服务水平，实现城市道路路名牌规范化、标准化，突出其功能性、服务性，按照北京市机构编制委员会办公室《关于明确本市城市道路名称管理职责的通知》（京编办发〔2017〕32 号）（图 1.3-4）相关规定，北京市路政局组

北京市机构编制委员会办公室

京编办发〔2017〕32 号

北京市机构编制委员会办公室
关于明确本市城市道路名称管理职责的通知

图 1.3-4　明确道路名称管理职责通知

织编制了《北京市城市道路路名牌实施导则》，以指导北京市城市道路路名牌的设计、设置及安装工作。

4.《北京市步行和自行车交通设施改善技术指南》

为贯彻落实《国务院办公厅关于印发大气污染防治行动计划实施情况考核办法（试行）的通知》和《北京市 2013—2017 年清洁空气行动计划实施情况考核办法（试行）》关于"城市步行和自行车交通系统建设"的工作要求，北京市交通委员会路政局和北京市公安局公安交通管理局共同依据住房城乡建设部《城市步行和自行车交通系统规划设计导则》和北京市《城市道路空间规划设计规范》，结合北京步行和自行车交通设施改善需求，编制了《北京市步行和自行车交通设施改善技术指南》（图 1.3-5），以实现城市道路步道和自行车道治理工作的标准化和规范化。

北京市交通委员会路政局
北京市公安局公安交通管理局 文件

京交路城养发〔2016〕133 号

北京市交通委员会路政局
北京市公安局公安交通管理局
关于印发《北京市步行和自行车交通设施改善
技术指南》的通知

图 1.3-5 印发交通设施改善指南通知

第❷章 ▶▶▶

城市道路养护基础知识

2.1　城市道路养护主要内容

2.1.1　路基养护

城市道路路基养护包括路基结构、路肩、边坡、边沟、涵洞等。

路基养护应通过日常巡视和定期检测，发现病害应及时查明原因并采取有效措施进行维修、处理或加固，使路基保持良好稳定的状况。

路基养护应符合下列要求：

（1）路肩应表面平整、坚实、整洁，无坑槽、沉陷、积水、堆积物，横坡适当，边缘齐顺。

（2）土质边坡应平整、坚固、稳定，无冲沟、松散，坡度符合设计标准规定。

（3）护坡等路基防护构筑物应保持完好，泄水孔畅通。

（4）边沟等排水设施应无淤泥阻塞，无基础冲刷，进出口完好、无杂草，纵坡适度，排水畅通。

（5）涵洞及其构筑物应保持完好无损坏，洞口清洁，排水通畅。

（6）对翻浆路段应及时处理。

1. 路基翻浆

路基翻浆，如图 2.1-1 所示。

（1）对易发生翻浆的路段应加强预防性养护工作。雨期前、后应疏通排水设施，检查修整路肩、边沟，补修路面碎裂和坑槽；雨期后做好水毁修复。

（2）翻浆路段应查明原因，对病害的范围、发生时间、气候变化、病害表面特征、路面结构、养护情况等进行详细调查分析，并确定防治方案。

（3）出现翻浆的路段，可采取换填粒料等措施进行处理，同时应疏通或增设排水设施。

（4）有翻浆迹象的路段应采取以下措施：

1）调整路肩坡度、硬化路肩。

2）路面坑洼严重路段应调整路拱，恢复路面完好。

3）挖补翻浆土基，更换水稳定性良好的材料，改善路基排水状况。

图 2.1-1　路基翻浆

（a）路面碎裂；（b）路面积水；（c）路面开裂；（d）路面坑槽

2. 路肩

（1）路肩应平整、坚实、整洁，如图 2.1-2 所示，出现车辙、坑槽、路肩边缘积土应及时处理。

（2）修整后的路肩横坡应大于路面横坡 1‰～2‰。

（3）对土质松散的路肩，可采取以下稳定措施：

1）采取石灰土或砾料石灰土稳定、硬化路肩。

2）撒铺石屑或其他粒料进行养护。

3）在路肩外侧，用块石安砌护肩带或用水泥混凝土预制块安砌坡顶石，其宽度不小于 250mm。

4）沿路面边缘安砌路缘石，其顶面与路边平齐。

（4）硬路肩可采用沥青混凝土、水泥混凝土、混凝土预制块、浆砌片（卵）石等铺筑（砌）。

3. 路基边坡

（1）边坡的坡面养护应保持设计的坡度，表面平顺、坚实，如图 2.1-3 所示。道路巡视中应观察路堑边坡的稳定情况，及时处理危岩，清除浮石。

（2）边坡养护应符合下列要求：

(a)　　　　　　　　　　　　　　　　(b)

图 2.1-2　路肩
(a) 路肩修复；(b) 浆砌片石路肩

(a)　　　　　　　　　　　　　　　　(b)

图 2.1-3　路基边坡
(a) 边坡种草防护；(b) 石砌边坡

　　1) 边坡出现冲沟、缺口、沉陷及塌落时应及时进行整修。

　　2) 路堑边坡出现冲沟、裂缝时，应及时填塞捣实；如出现潜流涌水应隔断水源或采取其他措施将水引向路基以外。

　　(3) 边坡防护与加固应符合下列要求：

　　1) 边坡防护应根据路基土质条件选用不同治理方法。可分为植被防护和坡面治理两类，亦可混合使用。

　　2) 对植物易生长的边坡，可采用种草、铺草皮及植树等植被防护措施。

　　3) 对陡边坡和风化严重的岩石边坡可采用抹面、喷浆、勾缝、灌浆、石砌边坡等坡面处理方法。

　　4) 对岩石开裂并有坍塌危险的边坡，应采用混凝土或钢筋混凝土修筑。

　　5) 对岩石挖方受雨水浸蚀出现剥落或崩塌不稳定的边坡，可采用锚喷法加固。在加固范围应设置泄水孔，涌水地段应设置泄水沟。

　　6) 可采用片 (块) 石、卵石及混凝土预制块等材料铺砌护坡。采用片 (块) 石铺砌时，在坡面径流流速小于 1.5m/s 地段可采用干砌，其厚度宜大于 250mm；径流流速大于 1.5m/s 的坡面或河道边坡应采用浆砌，其厚度宜大于 350mm。

7）边坡防护应保证护坡坡面的稳定性及护坡基础的稳固性。

8）对路堑或路堤边坡高差大，且受条件限制坡度达不到土壤稳定要求的边坡，应修筑挡土墙。

（4）边坡经加固后形成的护坡，应加强巡查与养护，发现损坏及时修理。

（5）对滑坡地段应加强观测，做好观测记录，分析可能出现的异常情况并及时采取下列措施：

1）在滑坡体上方设置截水沟，滑塌范围内修建竖向（主沟）及斜向（支沟）排水沟。

2）当滑坡体位于地下水位充沛的地段时，应设置盲沟或截断水源。

3）修建抗衡坡体滑塌的挡土墙等构筑物。

4. 边沟

边沟，如图 2.1-4 所示。

图 2.1-4 边沟
（a）浆砌碎石；（b）浆砌混凝土预制块；（c）浆砌混凝土预制块；（d）浆砌砾石

（1）边沟的淤积物应及时清除。在春融前，特别是汛前，应全面进行检查疏通。

（2）雨天应加强巡查，及时排除堵塞，疏导水流，保持水流通畅，断面完好。暴雨后应进行重点检查，如有破损、堵塞应及时整修、清理。

（3）对有可能被冲刷的土质边沟，其加固类型可结合地形、地质、纵坡等实际情况按

表 2.1-1 和表 2.1-2 选用。

<table>
<tr><td colspan="3" align="center">边沟加固类型</td><td align="right">表 2.1-1</td></tr>
</table>

形式	加固类型	加固厚度(mm)
简易	夯实沟底沟壁	—
	黏土碎(砾)石加固	100～150
	石灰三合土碎(砾)石加固	100～150
浆砌	浆砌片石	150～250
	浆砌混凝土预制块	100～150
	砖砌	60～120

<table>
<tr><td colspan="3" align="center">边沟加固类型与纵坡关系</td><td align="right">表 2.1-2</td></tr>
</table>

纵坡(%)	<1	1～3	>3
加固类型	不加固	土质好不加固；土质不好简易加固	浆砌

5. 涵洞

涵洞，如图 2.1-5 所示。

(a)　　　　　　　　　　　　　　　(b)

图 2.1-5　涵洞

(a) 圆形涵洞；(b) 方形涵洞

(1) 每年雨期和冬期前后，应对涵洞进行检查，检查内容包括：

1) 洞内的淤积程度。

2) 涵洞主体结构的开裂、漏水、变形、位移、基础下沉及冻胀程度。

3) 涵顶及涵背填土沉陷程度。

4) 涵背泄水状况。

(2) 涵洞日常养护应符合下列要求：

1) 涵洞洞口应保持清洁、洞内排水通畅。大雨或大雪后应及时清除洞内外的淤积物或积雪。暴雨后应及时修复排水构筑物的水毁，清除涵洞内淤泥和洞口堆积物。

2) 涵底铺砌出现冲刷损坏、下沉、缺口应及时修复，洞口铺砌与上下游渠道坡度应平顺。涵台及坡锥体的杂草和树根应及时清除并修复。

3) 涵洞进水口的沉砂井和出水口的跌水构造，应适时检查其是否损坏、与洞口是否结合成整体，如有损坏或发现裂隙甚至脱离，应及时修复加固。

4）涵洞的裂缝、局部脱落和缺损，应及时修补。

5）当砖石拱涵或混凝土箱涵的沉降缝填料脱落时，应采用干燥麻絮浸透沥青填料或用其他弹性材料及时修补，不得采用灰浆抹缝，也不得采用泡沫材料填塞。

6）水泥混凝土管涵的接头处或铰缝处发生填缝料脱落，引起路基渗水时，可用干燥麻絮浸透沥青填实或用其他弹性材料封堵，不得用灰浆抹缝，以免再次脱落。

（3）当涵顶及涵背的填土出现下沉时，应检查涵体结构并采取修复措施。

（4）涵洞的修复应符合下列要求：

1）涵洞圬工砌体表面发生局部风化、裂缝及灰缝剥落，局部砌块松动、脱落，砌体渗水等，可分别采取勾缝、局部拆除重砌、表面抹浆或喷浆、砌体背后压注水泥浆或化学浆液、加设涵内衬砌等方法处理。

2）当涵洞洞口冲刷严重时，可采用浆砌块石铺底并以水泥砂浆勾缝。铺砌末端应设置抑水墙或在出水口做消力池、消力槛等缓和流速设施。

3）涵洞经常发生泥砂淤积时，可在进水口设沉砂井，以沉淀泥砂、杂物。

4）当涵体结构破坏时，应挖开填土，按涵洞原结构进行修复。

5）当涵洞端墙鼓凸或倾斜时，应挖开填土，加固或重新砌筑墙身。

6）对非结构损坏引起的涵顶路面下沉，应查明原因进行修整。

（5）当道路加宽或提高路基而需要接长涵洞时，应充分利用原有涵洞结构并在新旧结构之间做沉降缝。

2.1.2 沥青路面养护

沥青路面应进行经常性和预防性养护。当路面出现裂缝、松散、坑槽、泛油、拥包、啃边、沉陷、波浪、车辙等病害时应及时进行养护维修。

对各种路面病害应分析其产生的原因，并根据道路的使用年限、道路等级、交通量、结构类型、维修季节、气温等综合因素，采取相应的维修措施。

沥青路面面层不得采用水泥混凝土进行修补。

采用铣刨机铣刨的路面，在修补前应将残料和粉尘清除干净。粘层油应选择乳化沥青或改性乳化沥青。

较大面积沥青路面铣刨、挖除的旧料宜再生利用；零星挖补的旧料应及时归堆清运，做到工完场清。

沥青路面维修边线、纵横缝接茬宜使用机械切割，做到边线齐直、切口垂直、底面清洁、形状规整。因基层损坏引起的路面病害应先处理基层，再修复面层。

当沥青路面摊铺面积大于 $200m^2$ 时，应采用摊铺机铺筑。

铺筑沥青混合料前，应做好施工范围内井座、路缘石、平石等有关设施标高的调整和位置稳固、井盖防污等工作。

沥青路面坑槽宜采用热修补工艺及设备进行修补。

2.1.3 水泥混凝土路面养护

水泥混凝土路面应通过经常性养护，保持路面处于良好的技术状况与服务水平。

水泥混凝土路面应加强日常巡查，及时发现拱起、沉陷、错台等病害及路面油污、积水、结冰等诱发病害因素和可能妨碍交通安全的遗撒物、杂物等。

对路面发生的病害，应分析其产生的原因并制定相应的维修措施，及时进行处理。

水泥混凝土路面接缝应进行适时的保养，保持接缝完好、表面平顺。

对Ⅰ、Ⅱ等级养护的道路宜采用专用机械及相应的快速维修方法施工。

水泥混凝土路面养护维修的常规和专用材料，应具有足够的强度、耐久性和稳定性。养护维修的主要材料均应进行必要的试验并符合相关规范的要求。

快速路、主干路等级的水泥混凝土路面不论是板边轻度剥落，还是板块表面大面积磨光，均不宜采用沥青混合料进行局部修补或罩面。

水泥混凝土面层施工期间，日平均气温不宜低于5℃或现场气温不宜高于30℃，雨天不得施工。

较大面积水泥混凝土面层施工应采用预拌混凝土。

1. 水泥混凝土路面日常养护

（1）水泥混凝土路面日常养护，如图 2.1-6 所示，包括下列内容：

图 2.1-6　日常养护

1）水泥混凝土路面应经常清除泥土、石块、砂砾等杂物，严禁在路面上拌合砂浆或混凝土等作业。

2）对有化学制剂或油污的水泥混凝土路面应及时清洗。

3）水泥混凝土路面缘石缺失应及时补齐。

4）重视并加强接缝养护，使填料保持良好状况，防止填缝料失效。

（2）接缝的日常养护应符合以下要求：

1）填缝料凸出板面应及时处理。

2）杂物嵌入接缝时应予清除，若杂物系小石块及其他硬物时应及时剔除。

3）填缝料的更换宜选在春秋两季或在当地气温居中且较干燥的季节进行。

4）填缝料局部脱落应进行灌缝填补；脱落缺失大于 1/3 缝长应进行整条接缝的更换。

5）清缝、灌缝宜使用专用机具，填缝料的填补和更换应做到饱满、密实、粘结牢固。

6）填缝料的技术要求，应符合表 2.1-3 的规定。

接缝填缝材料技术要求 表 2.1-3

性　能	加热施工式填缝料		常温施工式填缝料
	低弹性型	高弹性型	
灌入稠度(S)	—	—	＜20
失粘时间(h)	—	—	6～24
针入度(0.1mm)	＜50	＜90	—
弹性(复原率)(%)	＞30	＞60	＞75
流动度(mm)	＜5	＜2	0
拉伸量(mm)	＞5	＞15	＞15

注：接缝材料的性能测试方法可按《公路水泥混凝土路面接缝材料》JT/T 203—2014 推荐的方法进行。

（3）接缝填缝料的填补，应符合以下要求：

1）填缝前，接缝中的旧填缝料应予清除，并将缝内灰尘吹净。在气温较低季节施工时，应先用喷灯烤缝预热。

2）用加热式填缝料修补时，应将填缝料加热至灌入温度，滤去杂物、搅拌均匀后倒入填缝机进行填缝。填缝时宜用铁钩来回搅动，使填缝料与缝壁粘结良好，保证填灌饱满。

3）用常温式填缝料修补时，除无须加热外，作业方法与加热式填缝料相同。

4）填缝后，应围护至填缝料固化后方可开放交通。

（4）接缝填缝料的更换，应符合以下要求：

1）更换填缝料前应将原填缝料及掉入缝槽内的砂石杂物清除干净，并保持缝槽干燥、清洁。

2）填缝料灌注深度宜为 30～40mm。当缝深过大时，缝的下部可填 25～30mm 高的多孔柔性垫底材料或泡沫塑料支撑条。

3）填缝料的灌注高度夏天宜与面板平，冬天宜稍低于面板 2mm，多余的或溅到面板上的填缝料应予以清除。

2. 裂缝维修

裂缝维修，如图 2.1-7 所示。

（1）裂缝修补材料应符合以下要求：

1）裂缝修补材料根据其功能可分为补强材料和密封材料。

当路面由于裂缝和断裂造成强度不足时，宜选用补强材料。

当路面仅出现裂缝或贯穿裂缝而板面强度仍能满足使用要求时，宜选用密封材料，将裂缝封闭。

2）水泥混凝土路面裂缝的密封材料宜选用聚氨酯类灌缝材料；裂缝修补的高模量补强材料宜选用经过改性的环氧树脂类材料或经过乳化反应过的环氧树脂乳液等。水泥混凝土路面裂缝修补材料主要技术性能应符合表 2.1-4 的规定。

（2）缝宽小于 3mm 的轻微裂缝，可采用扩缝灌浆。

1）顺着裂缝扩宽成 15～20mm 的沟槽，槽深根据裂缝深度确定。

2）用钢丝刷等清除缝内碎屑，用吸（吹）尘设备清净灰尘，并填入粒径 3～6mm 的清洁石屑。若缝内潮湿，灌缝前可用喷灯或热喷枪吹缝干燥。

图 2.1-7　裂缝维修

（a）路面裂缝；（b）测量缝宽；（c）灌浆；（d）维修后

水泥混凝土路面裂缝修补材料技术要求　　　　　　　　　表 2.1-4

性　能	裂缝修补材料	
	密封材料	高模量补强材料
灌入稠度（S）	＜20	＜20
拉伸强度（MPa）	≥4	≥5
粘结强度（MPa）	≥4	≥3
断裂伸长率（%）	≥50	2～5

注：1. 灌入稠度试验方法可按《公路水泥混凝土路面接缝材料》JT/T 203—2014 的方法进行。

2. 其他性能指标试验方法应按《公路水泥混凝土路面养护技术规范》JTJ 073.1—2001 执行。

3）根据选用的灌缝材料，按配比配制灌缝料，拌和均匀后，灌入扩缝内。

4）灌缝料固化后，达到通车强度，即可开放交通。

（3）缝宽大于等于 3mm 小于 15mm 且贯穿板厚的中度裂缝，可采取条带罩面法进行扩缝补块。

1）在裂缝两侧且平行于缩缝，每侧距裂缝距离不小于 150mm，用切缝机切缝，如图 2.1-8 所示。

2）在两条切缝内侧用风镐或液压镐凿除混凝土，深 70mm 左右。

3）沿裂缝两侧每隔 500mm 左右在条槽底打一对植筋孔，孔径应略大于植筋直径 2～4mm，并在两植筋孔之间打一与植筋直径相当的凹槽。

4）清理孔内混凝土碎屑，将孔内填灌快硬砂浆，把除过锈的钢筋插入孔内安装。植筋宜采用 ϕ16 螺纹钢筋，两端锚固弯钩长度不小于 70mm，植筋长度不小于 200mm。

5）切缝内壁凿毛，清除松动的混凝土碎块及表面松动裸石，用吸（吹）尘设备清净槽内尘土。

6）将槽内表面刷一层水泥浆或界面剂。

7）人工按比例拌制快硬混凝土，填铺后及时振捣密实，抹平、压光后，拉毛。拉毛后喷洒养护剂，其喷洒面应延伸到相邻旧混凝土面板 200mm 以上。

8）在修补块面板两侧，应加大缩缝深度，并灌注填缝料。

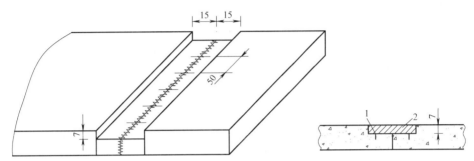

图 2.1-8　条带补缝（单位：cm）

1—植筋；2—新浇混凝土

（4）缝宽大于等于 15mm 的严重裂缝，可采取全深度补块。全深度补块分集料嵌锁法、刨挖法和设置传力杆法，其中集料嵌锁法适用于无筋混凝土路面裂缝修补、刨挖法适用于接缝间传荷很差部位裂缝修补、设置传力杆法适用于重载交通的混凝土路面裂缝修补。

1）集料嵌锁法

① 在修补的混凝土路面位置上，平行于缩缝划线，沿划线进行全深度切割。在保留板块边缘，沿内侧 40mm 位置，锯 50mm 深的缝，如图 2.1-9 所示。

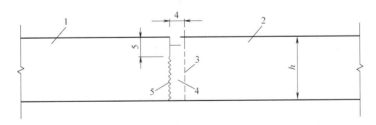

图 2.1-9　集料嵌锁法（单位：cm）

1—保留板；2—全深度补块；3—全深度锯缝；4—凿除混凝土；5—缩缝交错接面

② 破碎、清除切缝垂直面之间旧混凝土，破碎过程中不得伤及基层、相邻板块及缘石。

③ 基层若完整且强度符合要求，应整平基层；若基层部分损坏，则挖除损坏部分后，可用 C20 快硬混凝土补强后整平；若基层甚至路基全部损坏或松软，全部挖除后可浇筑 C20 快硬混凝土至基层表面并拉毛，也可按原设计基层材料重做基层。

④ 用吸（吹）尘设备清净槽内尘土后，将修补面刷一层水泥浆或界面剂。

⑤ 浇筑混凝土。修补混凝土其强度指标不得低于原路面混凝土设计强度，可采用快硬混凝土浇筑。将修补混凝土摊铺在补块区内，及时振捣密实，抹平、压光后，拉毛或刻纹。浇筑的混凝土面层标高、表面纹理应与原路面吻合。

⑥ 补块养生可采用洒水覆盖养生，也可采用养护剂养生，其用量根据养护剂材料性能确定。

⑦ 接缝处理、开放交通。做接缝时，应将板中间的各缩缝锯切到 1/4 板厚处，清缝后将接缝材料填入切缝内。当混凝土强度达到 20MPa 后开放交通。

2）刨挖法亦称倒 T 形法，如图 2.1-10 所示。

① 施工要求同集料嵌锁法。

② 在相邻板块横边下方暗挖 150mm×150mm 的一块面积用于荷载传递。

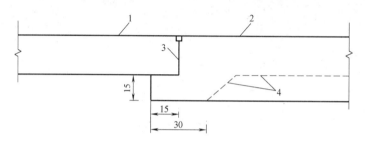

图 2.1-10　刨挖法（单位：cm）

1—保留板；2—补块；3—全深度锯缝；4—垫层开挖线

3）设置传力杆法

① 设置传力杆法，如图 2.1-11 所示。施工要求同集料嵌锁法。

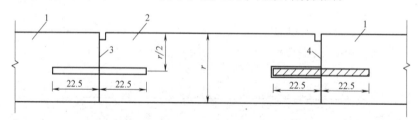

图 2.1-11　设置传力杆法（单位：cm）

1—保留板；2—全深度补块；3—缩缝；4—施工缝

② 处理基层后，应修复、安设传力杆和拉杆。

③ 原混凝土面板没有传力杆或拉杆折断时，应用与原规格相同的钢筋焊接或重新安设。安装时应在板厚 1/2 处钻出比传力杆直径大的孔，孔中心距离 300mm，其误差不应超过 3mm。

④ 横向施工缝传力杆直径为 25mm 的光圆钢筋，长度为 450mm，嵌入相邻保留板块内深 225mm。

⑤ 拉杆孔直径宜比拉杆直径大 2~4mm，并应沿相邻板块间的纵向接缝板厚 1/2 处钻孔，中心距 800mm。拉杆采用 φ16 螺纹钢筋，长 800mm，400mm 嵌入相邻车道的

板内。

⑥ 传力杆和拉杆宜用环氧砂浆在规定位置固定牢固，摊铺混凝土前，光圆传力杆的伸出端应涂少许润滑油。

⑦ 传力杆若安装倾斜或松动失效，应予以更换。

3. 接缝维修

（1）接缝维修应符合下列要求：

1）接缝填料的损坏维修应符合《公路水泥混凝土路面接缝材料》JT/T 203—2014 的要求。

2）接缝处因传力杆设置不当所引起的损坏，应恢复传力杆的作用。

3）在伸缩缝修理时，应先将热沥青涂刷缝壁，再将接缝板压入缝内。对接缝板接头及接缝板与传力杆之间的间隙，应采用沥青或其他接缝料填实抹平，上部采用嵌缝条的接缝板应及时嵌入嵌缝条。

4）当相邻车道横向位移、纵向接缝张开宽度 10mm 以下时，宜采用加热式填缝料；纵向接缝张开宽度 10～15mm 时，宜采用聚氨酯类常温施工式填缝料维修；纵向接缝张开宽度 15mm 以上时，可采用沥青砂填缝。

5）接缝板边出现碎裂，破碎宽度小于 80mm 轻微碎裂，可采取浅层切割修复方法填充高模量补强材料进行维修；破碎宽度大于 80mm 中等碎裂可采用浅层扩缝补块法维修；破碎宽度大于 80mm 严重碎裂可采用全深度补块法维修。

（2）接缝填缝材料应符合以下要求：

1）用于水泥路面修补的填缝材料，应符合《公路水泥混凝土路面接缝材料》JT/T 203—2014 的规定。用于水泥路面修补的填缝材料，应具备如下技术性能：

① 与水泥混凝土板缝壁具有良好的粘结力。当混凝土板伸缩时，填缝料能与混凝土板缝粘结牢固，而不致从混凝土缝壁拉脱。

② 具有较高的拉伸率，填缝料必须随混凝土板伸缩，而不致被拉断。

③ 耐热及耐嵌入性好，在夏季高温时，填缝料不发生流淌。填缝料应耐砂石杂物嵌入，保证混凝土板伸胀不受阻。

④ 具有较好的低温塑性。在冬期低温时，填缝料不发生脆裂，仍具有一定的延伸性。

⑤ 耐久性好。填缝料应能在较长时间保持良好的实用性能，即耐磨、耐水、不易老化等。

2）填缝料可分为加热施工式和常温施工式两种类型。加热式填缝料可采用聚氯乙烯胶泥、沥青橡胶类和沥青玛琋脂等；常温施工式填缝料可采用聚氨酯焦油类、氯丁橡胶类、乳化沥青橡胶类等。接缝填缝材料主要技术性能应符合《公路水泥混凝土路面接缝材料》JT/T 203—2014 的规定。

（3）纵向接缝张开维修，应符合下列规定：

1）纵向接缝张开宽度 10mm 以下时，可采用聚氯乙烯胶泥、焦油类填缝料和橡胶沥青等加热施工式填缝料进行维修，其方法参照《公路水泥混凝土路面接缝材料》JT/T 203—2014 执行。

2）纵向接缝张开宽度 10～15mm 时，可采用聚氨酯类常温施工式填缝料进行维修。

① 维修前清除缝内杂物，吹净缝内灰尘。

② 按材料配比，配制填缝料。

③ 宜采用挤压枪注入填缝料。

④ 填缝料固化后，方可开放交通。

3）纵向接缝张开宽度 15mm 以上时，可采用沥青砂填缝。

① 清除缝内杂物，吹净缝内灰尘。

② 按配比拌制沥青砂。

③ 填缝前用喷灯烤缝预热或热喷枪吹缝干燥。

④ 接缝内填入沥青砂并捣实。

⑤ 用烧热的烙铁熨实填缝表面。

⑥ 填缝表面温度自然冷却至 50℃后，开放交通。

（4）接缝板边碎裂时，接缝维修应符合下列规定：

1）板边出现碎裂，破碎宽度小于 80mm 轻微碎裂，可采取浅层切割修复方法，用高模量补强材料进行填充维修。

① 在破碎部位边缘，用切缝机切割规整，其周围切割面应垂直板面。

② 清除修复区混凝土碎块，并把底面凿平。

③ 用吸（吹）尘设备清净灰尘杂物后，用喷灯烘烤干燥。

④ 沿修补界面，涂刷界面剂。

⑤ 配制并填充高模量补强材料。

⑥ 围护养生，开放交通。

2）接缝板边出现碎裂，破碎宽度大于 80mm、部分碎块松动或散失的中等碎裂，可采用浅层扩缝补块法维修，并做接缝处理。

① 标划出修复区，在破碎部位边缘，平行或垂直于接缝方向，用切缝机切割规整，其周围切割面应垂直板面。切割深度应大于混凝土破碎面深度，且不小于 70mm 深。切割宽度每侧应大于破损宽度至少 50mm。

② 凿除修复区混凝土，清除混凝土碎块并把底面修凿平整。

③ 切缝内壁凿毛，用吸（吹）尘设备清净表面尘土。

④ 沿修补界面，涂刷一层界面剂。

⑤ 按比例拌制快硬混凝土，填铺后及时振捣密实，抹平、压光、拉毛后喷洒养护剂。

⑥ 混凝土强度达到切缝强度时，沿原缩缝位置用切割机切出 1/4 板深的缝槽，清缝后灌入填缝料。

⑦ 混凝土强度达到 20MPa 后开放交通。

3）接缝板边出现深度碎裂，破碎宽度大于 80mm、影响行车安全或危害轮胎的严重碎裂，可采用全深度补块法维修，并做接缝处理，其工艺流程和作业要求可参照《公路水泥混凝土路面接缝材料》JT/T 203—2014 全深度补块法裂缝维修工艺，如图 2.1-12 所示。

4. 整块面板维修

（1）水泥混凝土面板产生严重沉陷、碎裂、断角等损坏时，可对整块面板进行翻修处理，如图 2.1-13 所示。

（2）水泥混凝土路面板块修补材料，应符合以下要求：

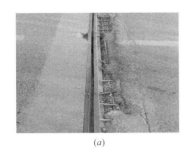

(a)　　　　　　　　　　(b)　　　　　　　　　　(c)

图 2.1-12　接缝维修

(a) 接缝碎裂；(b) 清除杂物；(c) 布筋

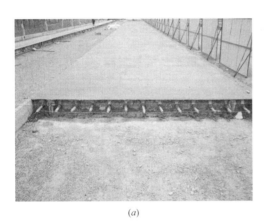

(a)　　　　　　　　　　　　　　(b)

图 2.1-13　整块面板维修

(a) 基层；(b) 洒水养护

1) 水泥混凝土路面板块修补材料宜选用早强混凝土或其他专用快速修补材料。

2) 水泥混凝土板块快速修补材料，应具备如下技术性能：

① 快硬高早强。3h 内强度达到 20MPa，24h 内达到原板块设计强度。

② 收缩小。混凝土 7d 内无收缩，28d 的收缩率小于 0.02%。

③ 后期性能稳定。

④ 耐磨性好、耐久性好。修补后的混凝土耐磨性应达到原有未损坏的旧混凝土耐磨性，且应具有抗冻、耐腐蚀、抗渗等耐久性能。

⑤ 施工和易性好。修补用混凝土初凝时间宜大于 1h。

⑥ 修补后的混凝土颜色应与旧混凝土基本一致。

3) 快速修补混凝土原材料质量，应符合各自产品的特定要求，并符合《城镇道路工程施工与质量验收规范》CJJ 1—2008 的相关规定。

4) 快速修补混凝土配合比，应经过实验室配确定。

(3) 水泥混凝土路面整板翻修，可采用如下维修方法：

1) 旧路面板凿除、清运：用液压镐凿除旧水泥混凝土路面板，并及时清运混凝土碎块。凿除时不得造成相邻板块破损并尽可能保留原有拉杆，若有损坏应予恢复。

2) 基层处理：基层损坏部分清除，视基层损坏程度采取不同处理方法。

① 基层损坏厚度小于 80mm，基底整平压实后，可直接浇筑面层修补混凝土。

② 基层损坏厚度大于 80mm，且坑洼不平，基底整平压实后，可采用 C20 快硬混凝土进行补强，补强混凝土顶面标高应与旧路面基层顶面标高相同。

③ 宜在混凝土路面板接缝处的基层上，涂刷一道宽 200mm 的沥青带。

3）混凝土铺筑：混凝土混合料应在搅拌后立即运至施工现场，人工摊铺。宜用插入式振捣器振捣，振动梁刮平提浆，人工抹平，按原路面纹理对混凝土表面进行拉毛或刻纹。

4）养生：混凝土板表面纹理处理后，宜喷洒养生剂进行养护，养生剂应洒布均匀。

5）切缝、接缝填缝：混凝土达到切缝强度后，用切割机切缝，切缝深度宜为板块 1/4 厚度，清缝后灌入填缝料。

6）混凝土强度达到 20MPa 后开放交通。

5. 板块脱空处理

（1）水泥混凝土路面板块脱空，可采用弯沉仪、探地雷达等设备测定。其弯沉值超过 20（1/100mm）时，应确定为板块脱空。

（2）水泥混凝土路面板块脱空可采取压注水泥浆、水泥粉煤灰和水泥砂浆等方法进行处理。压浆处理后，应对面板的接缝及时灌缝。

（3）板底脱空灌浆材料，应符合以下要求：

1）板底脱空灌浆材料，宜选择流动性高，具有一定膨胀能力的水泥砂浆或水泥浆。板底脱空灌浆材料，应具备如下技术性能：

① 具有自流淌密实性。

② 早期具有一定的微膨胀性能，砂浆 14d 水养护膨胀率大于 0.02%。

③ 凝结时间适中，初凝时间不早于 2h，终凝时间不超过 3.5h。

④ 早期强度高，12h 抗压强度应达到 3.5MPa。

2）灌浆用水泥砂浆、水泥粉煤灰和水泥浆配合比应经实验室试配确定。

3）灌浆材料的原材料：水泥宜选用 42.5 号或 52.5 号普通硅酸盐水泥，水泥各项性能应符合《通用硅酸盐水泥》GB 175—2007 规定；砂宜选用粒径小于 3mm 的优质砂，含泥量应小于 2%；外掺剂宜选用具有减水、早强、微膨胀功能的混凝土快速修补剂；粉煤灰宜选用 II 级粉煤灰；水宜用饮用水。

（4）灌浆孔布设基本要求如图 2.1-14 所示。

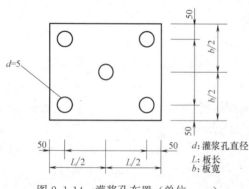

图 2.1-14　灌浆孔布置（单位：cm）

1）灌浆孔布设应根据面板尺寸、下沉量大小、裂缝状况及灌浆机械确定。

2）用凿岩机在路面上打孔，孔的大小应和灌浆嘴的大小一致，一般为 50mm 左右。

3）灌浆孔与面板的距离不应小于 500mm。在一块板上，灌浆孔的数量一般为 5 个，也可根据情况确定。

（5）采用水泥灌浆法进行板底脱空灌浆，应符合下列规定：

1）灌浆孔布置参照图 2.1-14。

2）灌浆孔钻好后，应采用压缩空气将孔中的混凝土碎屑、杂物清除干净。

3）灌浆机械可用压力灌浆机或压力泵，灌注压力为 1.5～2.0MPa。

4）灌浆作业应先从沉陷最大的地方的灌浆孔开始，逐步由大到小。当相邻孔或接缝中冒浆，可停止泵送水泥浆，每灌完一孔应用木楔堵孔。

5）待砂浆抗压强度达到 3MPa 时，用水泥砂浆堵孔，开放交通。

2.1.4　砌筑路面养护

砌筑路面又称块料路面，是指经粗加工或细加工而成的天然石材（粗料石或细料石）和水泥混凝土预制砌块铺砌的路面。

砌筑路面应设置基层、垫层（整平层），且强度满足交通荷载要求，块料之间应用填缝料填嵌密实。砌筑路面基层宜采用刚性基层。

砌筑路面应进行经常性巡视检查和养护，及早发现病害，查清原因，采取适当措施，及时维修，保持路面状况良好。

春季和雨期应增加巡检次数。

砌筑路面的养护维修应符合下列要求：

（1）填缝料发生散失、损坏，应及时填补或重新勾缝，保证路面稳固。

（2）当路面出现坑洞、松动、缺损、沉陷、隆起、碎裂、错台、检查井四周烂边等病害时，应及时维修。

（3）对基层强度不足而造成的路面损坏，应清除软弱基层，重新铺筑基层，恢复面层。

（4）更换的块料材质、规格、颜色等宜与原路面一致。

（5）块料的修补范围宜大于损坏范围一整块，缝宽应与周边原状路面一致。

砌筑路面应表面平整、抗滑，排水通畅。

2.1.5　人行步道养护

普通水泥混凝土步道砖、透水步道砖和加工的石材均可用作人行步道面层的铺装。人行步道养护维修包括人行步道基层、面层、盲道、无障碍坡道、树池框、人行梯道、踏步等。

人行步道应进行经常性巡视检查和养护，并使之处于完好状态。

盲道、无障碍坡道发现砌块有松动、破损、缺失及盲道触感部分凸出表面磨耗严重，应及时调整或更换。盲道、无障碍坡道的布置应符合《无障碍设计规范》GB 50763—2012 的有关规定。

人行道树池边框出现变形、断裂、破损、缺失，应及时维修更换。更换的树池框色彩、强度、材质、尺寸均宜与原树池框一致，维修后的树池框与人行步道相接应平整、顺适。

梯道、踏步破损或失稳，应及时维修。维修踏步每阶高度应一致，踏步顶面砌块材料应具有防滑性能。

人行步道维修应符合下列要求：

（1）步道砖松动应及时补充填缝料并充填稳固；发生错台、凸出、沉陷时，应将其取出，整理垫层，重新铺砌。

（2）对基层强度不足产生的沉陷、破碎损坏，应先加固基层，再铺砌面层。

（3）因树根拱胀引起的步道砖拱起，应重新整平拱胀基层，重铺面层；拱起移位的树池框应重新调整。

（4）更换的步道砖色彩、强度、材质、规格宜与原步道砖一致。

（5）步道砖的修补部位宜大于损坏部位一整砖。修补部位应与周围的步道砖相接平顺。

（6）检查井周围或与构筑物的相接部位宜切砖补齐，不宜切砖补齐的部分应用豆石混凝土填补。

1. 人行步道日常养护

（1）人行步道应加强日常养护，对小型病害及时修补。人行步道日常养护应达到：路面整洁、无残留障碍物，步道砌块填缝饱满、无缺失，面层稳固、平整，排水通畅。

（2）人行步道日常养护应包括下列主要内容：

1）人行步道面层、盲道及无障碍坡道砌块松动、错台、破损、缺失，应及时整修，保证面层稳固、平整。

2）人行步道砌块间嵌缝料散失，应及时嵌缝，保证面层稳固。

3）步道范围内，因临时占用或作业而残留的堆积物、障碍物、埋置物等，应及时清理，保证行人安全通行。

4）人行步道上设置电话亭、灯杆、报箱等形成的孔穴，应及时修补，保证路面完整。

2. 人行步道基础维修

（1）路基维修，如图 2.1-15 所示。

(a)   (b)

图 2.1-15 人行步道基础维修
(a) 基层压实；(b) 混凝土回填密实

1）因路基填土密实度不足或掘路回填夯实不足而引起的路基沉陷，若已沉实，可在基底整平、压实后，直接铺筑基层；若填土松软、土质不良或被水浸软，应挖除后重新分层夯填或换填处理。

2）人行步道的掘路回填应符合下列要求：

① 沟槽回填最小宽度应满足夯实机械的最小工作宽度，且不得小于 600mm，沟槽回

填应分层摊铺和夯实。

② 当沟槽断面不能满足回填最小宽度时，可采用浇灌混凝土等方法回填密实。

（2）基层维修。

1）基层修补材料：

① 人行步道常用基层材料有石灰粉煤灰稳定碎石、级配碎石、水泥混凝土等，其材料技术要求应符合《城镇道路工程施工与质量验收规范》CJJ 1—2008 的有关规定。

② 人行步道基层维修宜采用与原基层相同材料修复，基层翻修厚度应与原基层结构厚度一致。当地下管线埋深较浅、受条件限制难以充分碾压及小面积零星修补时，可采用水泥混凝土修补基层。快速修补时，基层可采用快硬混凝土。

③ 透水步道砖基层修补应采用与原基层相同透水材料。透水步道砖底基层一般采用透水性能较好的粗砂。透水步道砖基层一般采用级配碎石或透水混凝土。级配碎石中扁平、长条集料不应超过 10％，且不应含有黏土块、植物等物质，其级配应符合表 2.1-5 的规定。

级配碎石透水基层的集料级配   表 2.1-5

筛孔尺寸(mm)	26.5	19	13.2	9.5	4.75	2.36	0.075
级配范围 （通过百分率％）	100	85～95	65～80	55～71	8～16	0～7	0～3

④ 透水混凝土应使用质地坚硬、洁净的碎石料，粒径 5～15mm。水泥采用 42.5 号及以上强度等级的硅酸盐水泥、普通硅酸盐水泥，其各项技术指标应符合《通用硅酸盐水泥》GB 175—2007 的相关规定；水宜使用饮用水。透水混凝土配制水泥用量宜为 250～350kg/m³，集料用量宜为 1400～1600kg/m³，水灰比宜为 0.25～0.40。透水混凝土抗压强度应不低于 20MPa。

2）基层维修作业：

① 基层翻挖：挖除破损部位的基层材料，边线整齐、断口垂直；挖除时避免超挖。

② 基底处理、整平：基层挖清后，整平基底、压实或夯实。

③ 修补基层：

a. 水泥混凝土修补基层：大面积修补宜采用预拌混凝土，小面积修补可人工按配比现场拌合。摊铺后，用振捣器振实，木抹子抹平，但不压光。

b. 级配碎石修补基层：大面积修补可采用机械压实，小面积修补可采用平板振动夯分层夯实，在边角机械压实或夯实困难的地方，可采用人工夯锤夯实。

c. 石灰粉煤灰稳定碎石修补基层：石灰粉煤灰稳定碎石应集中厂拌，拌合过程中的加水量宜高于最佳含水量 1.0％～2.0％，混合料摊铺后应在最佳含水量附近压实，摊铺、碾压过程中，应避免混合料发生离析。若采用平板振动夯夯实，每层夯实厚度宜为 100mm 左右。

④ 养生：水泥混凝土基层应围护养生；石灰粉煤灰稳定碎石基层铺筑完毕后，即可铺砌步道面层。

3. 人行步道面层维修

人行步道面层维修如图 2.1-16 所示。

（a） （b）

图 2.1-16 人行步道砖面层维修

（a）砌砖；（b）砌砖

2.1.6 路缘石及平石养护

路缘石应保持稳固、直顺，发生拱胀变形、缺失、破损时，应予以调整、更换或修补。

更换的路缘石规格、材质、颜色宜与原路缘石一致，如图 2.1-17 所示。

无障碍坡道缘石的布置应符合《无障碍设计规范》GB 50763—2012 的相关规定。

（a） （b）

图 2.1-17 路缘石及平石养护

（a）路缘石修补；（b）路缘石更换

2.1.7 行车道挡土墙

行车道挡土墙（以下简称挡土墙）应定期检查，发现病害应查明原因，并观察其发展趋势，及时采取措施。

挡土墙的日常养护应符合下列要求：

（1）挡土墙表面应保持清洁，及时清除表面的青苔、杂草、灌木和污秽。

（2）挡土墙的泄水孔应保持畅通。挡土墙出现严重渗水，应增设泄水孔或墙后排水设施。

（3）变形缝、沉降缝应定期清理和维修，使其正常发挥作用。填缝料破损、脱落时，应及时修补。

（4）发生灰缝脱落的圬工砌体，应清除缝内杂物，重新用水泥砂浆勾缝。

（5）墙体及坡面出现裂缝，应先做稳定处理，再进行补缝。补缝可在清缝后，采用水泥砂浆及其他聚合物砂浆修补，也可采用环氧树脂等材料灌注黏合。

（6）挡土墙风化剥落或局部脱落、缺损时，应及时进行修补。

挡土墙发生倾斜、鼓凸及下沉时，应设立警示标志，采取安全防护措施并及时上报。

严重损坏的挡土墙，应将损坏部分拆除重建。

1. 砌筑挡土墙

砌筑挡土墙如图 2.1-18 所示。

(a)　　　　　　　　　　　　　　(b)

图 2.1-18　砌筑挡土墙
（a）砌块表面风化；（b）砌体勾缝脱落

（1）砌体勾缝破损、脱落维修。

凿除勾缝砂浆，缝槽凿深至少 30mm。将勾缝区域墙面洒水润湿，按原样式和宽度勾缝。勾缝砂浆初凝后覆盖养生。

（2）砌块表面风化、剥落维修。

1）砌块表面风化和损坏不严重时，采用环氧或聚合物砂浆修补。修补时应将表面松散混凝土彻底凿除，然后分层填补砂浆，最后将表面抹平。

2）砌体表面严重风化和损坏时，应补砌、更换，新老部分应结合牢固，材质、规格、颜色宜与原砌体保持一致。

（3）砌块松动维修。

清除松动砌块，重新坐浆、安砌、勾缝。

（4）砌体裂缝维修。

对已停止发展的挡土墙裂缝，清缝后用砂浆填补密实。若裂缝仍继续发展，应查明原因后，加固补强或拆除重建。

2. 混凝土和钢筋混凝土挡土墙

混凝土和钢筋混凝土挡土墙如图 2.1-19 所示。

（1）表层缺陷修补：

1）墙体表面孔洞、蜂窝、麻面、风化、剥落等病害，应将松散部分清凿后，用环氧

 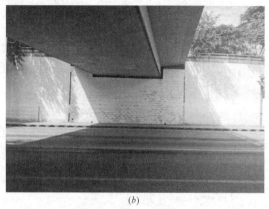

图 2.1-19　混凝土和钢筋混凝土挡土墙

(a) 表面风化；(b) 勾缝脱落

砂浆或聚合物砂浆进行修补。修补时，应先将破损部分清凿、刷净后，在旧混凝土表面均匀涂刷一层界面剂，然后分层填抹修补砂浆，最后将表面抹平。

2) 当破损较深，面积较大时，可采用挂网浇筑混凝土的办法修补，如图 2.1-20 所示。挂网浇筑混凝土修补时，应先清除已破损部分，并洗净灰尘，边缘修凿整齐，凿深不小于 30mm。牵钉直径 12～16mm，打孔埋设。冲洗孔眼后，孔内灌注水泥砂浆，插入牵钉。砂浆凝固后，挂置钢筋网，按修补部位轮廓线支模、浇筑混凝土。

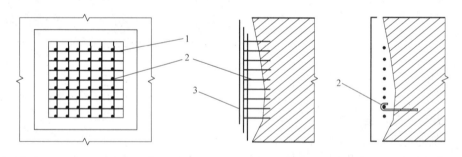

图 2.1-20　挂网浇筑混凝土缺损修补

1—钢筋网 $\phi6$～$\phi8$；2—牵钉间距不大于 500mm；3—模板

（2）钢筋锈胀病害处理：

1) 凿除松散混凝土，表面凿毛处理。

2) 钢筋除锈处理后，用钢丝刷清理修补界面表面浮渣，用丙酮清洗钢筋和修补界面，钢筋涂刷阻锈剂。

3) 涂刷混凝土界面剂，然后分层填补环氧砂浆或聚合物砂浆，并将表面压实、抹平。

4) 砂浆凝固后可对修补部位涂刷混凝土保护剂，颜色应与周围协调一致。

（3）裂缝维修，裂缝处理方法如下：

1) 当裂缝宽度小于 0.2mm 时，可用环氧树脂胶泥等进行封闭处理。

2) 当裂缝宽度在 0.2～0.5mm 范围，且深度较大时，可采用压力灌浆法灌注环氧树脂浆液或其他专用灌缝胶。

3）当裂缝宽度大于 0.5mm 时，可采用填缝法。扩缝后填补环氧砂浆或其他专用修补砂浆。

2.1.8 安全防护设施养护

道路安全防护设施主要包括混凝土护栏、型钢护栏、波形护栏等，如图 2.1-21 所示。

道路安全防护设施应保持整洁、完好。当损坏或丢失时，应按原设计的样式、颜色及时修补。

道路安全防护设施应定期清洗，冬期应及时清除含有盐类、除雪剂的融雪。

道路安全防护设施应定期进行维修。

道路安全防护设施应加强巡视检查，发现损坏、缺失应及时修复。

(a)　　　　　　　　　　　　　　　　(b)

图 2.1-21　安全防护设施养护

（a）型钢护栏；（b）钢筋网护栏

2.2 城市道路常见病害及成因

2.2.1 裂缝类病害

1. 横向裂缝

裂缝与道路中线垂直方向，如图 2.2-1 所示。

病害成因：

（1）半刚性基层因温度变化收缩形成的反射裂缝。

（2）季节性温差过大，沥青标号不符合本地区气温变化要求。

（3）施工缝、冷热接缝不密实造成的裂缝。

2. 纵向裂缝

裂缝方向与道路中线方向平行，如图 2.2-2 所示。

病害成因：

（1）由于路床、路基压实度不足出现不均匀沉降。

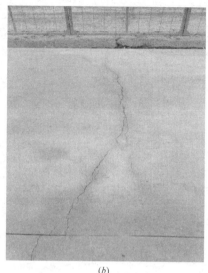

（a）　　　　　　　　　　　（b）

图 2.2-1　横向裂缝

（a）沥青路面；（b）混凝土路面

（a）　　　　　　　　　　　（b）

图 2.2-2　纵向裂缝

（a）路中裂缝；（b）路边裂缝

（2）道路承受荷载过大，引起的基层疲劳性破坏。

（3）施工时，未做好相邻摊铺段的热接缝工作。

3. 网裂

裂缝呈横纵交错、不规则分布状。缝宽 1mm 以上，缝距 40cm 以上，面积 $1m^2$ 以上，如图 2.2-3 所示。

病害成因：

（1）沥青混合料老化或沥青混合料质量差，油石比不当，抗裂性能差。

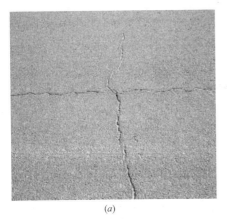

（a）　　　　　　　　　　　　　　　　（b）

图 2.2-3　网裂类病害

（a）裂缝细部图；（b）路面网裂

（2）道路结构中存在软弱夹层，沥青面层与基层结合性较差。

（3）道路基层出现疲劳性开裂，反射到沥青面层。

（4）路面渗水造成的基层软化，层状受力体系受到破坏。

4. 龟裂

缝宽 3mm 以上，缝距在 10cm 以内的不规则裂缝，如图 2.2-4 所示。

（a）　　　　　　　　　　　　　　　　（b）

图 2.2-4　龟裂类病害

（a）裂缝细部图；（b）路面龟裂

病害成因：

（1）路床、路基强度不足引起的面层碎裂。

（2）基层遭受破坏、外部水侵入结构层，造成承载力下降。

（3）沥青性能较差或严重老化造成沥青路面的延展性降低、抗裂性能下降。

2.2.2　永久变形类病害

1. 车辙

车辙类病害多出现在路口、公交站等部位，分为流变性车辙和结构性车辙，如图 2.2-5 所示。

图 2.2-5　车辙类病害

（a）公交站；（b）路边；（c）路口；（d）测量车辙高度

病害成因：

（1）沥青混合料稳定度和强度不足，造成混合料出现推移和隆起现象。

（2）道路结构层出现破坏，发展为结构性车辙。

（3）沥青混合料摊铺厚度过大，或细集料过多，造成混合料热稳定性下降。

2. 拥包

路面出现局部拱起，如图 2.2-6 所示。

病害成因：

（1）沥青混合料稳定性能差，高温时路面出现隆起。

（2）沥青混合料配合比不当，细集料过多，或施工时出现离析现象。

（3）基层强度不足出现变形。

2.2.3　水损害类病害

1. 翻浆类病害

基层受到外部水侵蚀，导致细集料或土体在受压时从沥青裂缝、空隙中冒浆的现象，如

图 2.2-6　拥包类病害

图 2.2-7 所示。

(a)　　　　　　　　　　　　　　(b)

图 2.2-7　翻浆类病害

(a) 路口拐弯处；(b) 路边

病害成因：

(1) 基层混合料配比不当，细集料过多，受水侵蚀后丧失结构强度。

(2) 基层施工时，混合料出现离析现象，基层表面形成细料薄层，受水侵蚀后软化流失。

(3) 路面未设置下封层，周边或管线渗水，造成路床、路基土体液化。

(4) 温差较大地区，冬期路床水汽凝聚，温度回升解冻时，造成结构粉化。

2. 沉陷类病害

路床、路基、面层出现竖向变形，如图 2.2-8 所示。

(a)　　　　　　　　　　　　　　(b)

图 2.2-8　沉陷类病害

(a) 路面沉陷；(b) 路面变形

病害成因：

(1) 沥青混凝土面层受温度、过载等出现的受压变形。

（2）基层强度不足或外部水侵入出现的结构损坏。

3. 脱皮类病害

沥青各面层间丧失粘结力，表面形成块状或片状脱落，如图 2.2-9 所示。

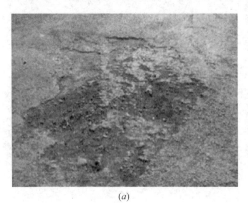 

（a）　　　　　　　　　　　　　　（b）

图 2.2-9　脱皮类病害

（a）细节图；（b）路面脱皮

病害成因：

（1）基层与面层粘结面处理不当，存在软弱夹层，清表不彻底。

（2）沥青混合料层间粘结力不足。

（3）沥青老化造成的粘结力丧失，或受水侵蚀造成骨料沥青膜剥落。

4. 松散类病害

沥青混合料之间丧失粘结力，集料松动或部分集料损失，如图 2.2-10 所示。

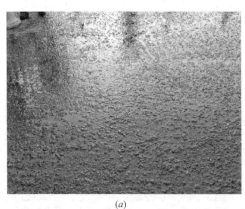 

（a）　　　　　　　　　　　　　　（b）

图 2.2-10　松散类病害

（a）粗集料过多；（b）沥青老化

病害成因：

（1）沥青混合料配合比不当，粗集料过多，或施工时出现离析现象。

（2）沥青老化，使集料失去粘结力。

5. 坑槽类病害

沥青路面最常见病害，多为松散、碎裂等病害的发展病害，如图 2.2-11 所示。

(a)　　　　　　　　　　　　　　　　　*(b)*

图 2.2-11　坑槽类病害

（*a*）路面碎裂；（*b*）沥青膜脱落

病害成因：

（1）由于松散、碎裂等病害未及时维修，进一步发展为坑槽病害。

（2）受外界水侵入，通过沥青混合料空隙渗入，造成骨料沥青膜脱落。

（3）混合料配比不当，局部离析等原因造成骨料损失，形成局部坑槽。

2.2.4　步道及路缘石损坏

步道及路缘石的损坏主要是缺失、麻面、平整度较差，如图 2.2-12 所示。

(a)　　　　　　　　　　　　　　　　　*(b)*

图 2.2-12　步道及路缘石损坏

（*a*）平整度差；（*b*）面砖磨损

病害成因：

（1）基层强度不足或受到破坏，导致局部下沉。

（2）面砖老化，磨损等原因造成的外观质量差。

（3）水泥制品受融雪剂影响造成脱皮、脱落，强度降低。

2.3 城市道路养护作业分类

城市道路养护作业可分为日常养护、保养小修、中修工程、大修工程、预防性养护、专项维修与巡养一体化。

2.3.1 日常养护

日常养护：对道路的零星病害、突发病害进行维修，处理面积一般小于 $10m^2$，24h 修补，如图 2.3-1 所示。

2.3.2 保养小修

保养小修：为保持道路功能核设施完好进行的维修施工，对路面轻微损坏进行补修，单块维修面积一般小于 $400m^2$，如图 2.3-2、图 2.3-3 所示。

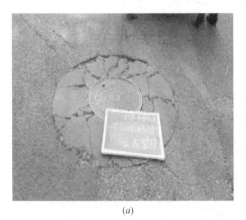

(a)　　　　　　　　　　　　　(b)

图 2.3-1　24h 修补
(a) 修补前；(b) 修补后

(a)　　　　　　　　　　　　　(b)

图 2.3-2　路面小修
(a) 修补前；(b) 修补后

（a）　　　　　　　　　　　　　　（b）

图 2.3-3　步道小修

（a）修补前；（b）修补后

2.3.3　中修工程

中修工程：对一般性磨损和局部损坏进行定期的维修工程，以恢复道路原有技术状况，如图 2.3-4～图 2.3-6 所示。维修工程量宜大于 $400m^2$，且不超过 $8000m^2$。

（a）　　　　　　　　　　　　　　（b）

图 2.3-4　路面中修

（a）修补前；（b）修补后

（a）　　　　　　　　　　　　　　（b）

图 2.3-5　步道中修

（a）修补前；（b）修补后

(a) (b)

图 2.3-6　路缘石中修

（a）修补前；（b）修补后

2.3.4　大修工程

大修工程：对道路的较大损坏进行的全面综合维修、加固，以恢复到原设计标准或进行局部改善以提高道路通行能力，如图 2.3-7、图 2.3-8 所示。工程数量一般大于 $8000m^2$。

(a) (b)

图 2.3-7　路面大修

（a）修补前；（b）修补后

(a) (b)

图 2.3-8　步道大修

（a）修补前；（b）修补后

2.3.5 预防性养护

预防性养护：在道路未出现结构性损坏之前，对道路进行预防性养护，以恢复道路技术状况，满足使用功能，提高道路使用年限为目的。

道路养护单位应密切关注所管养路段路面质量变化状况，通过定期路况调查和对各项技术指标的定期检测分析，掌握各路段路面质量的发展规律，选择适合的预防性养护路段、恰当的预防性养护时机、合理的预防性养护措施，及时制定预防性养护计划。

2.3.6 专项维修

专项维修：对道路设施的薄弱环节进行有针对性的维修和补强，如检查井加固、路口及公交车站抗车辙改造、道路裂缝处理，如图2.3-9～图2.3-13所示。

(a) (b)

图 2.3-9 检查井专项治理

(a) 修补前；(b) 修补后

(a) (b)

图 2.3-10 沥青灌缝

(a) 修补前；(b) 修补后

(a)　　　　　　　　　　　　　　　　(b)

图 2.3-11　沥青贴缝
(a) 修补前；(b) 修补后

(a)　　　　　　　　　　　　　　　　(b)

图 2.3-12　车辙专项治理
(a) 修补前；(b) 修补后

(a)　　　　　　　　　　　　　　　　(b)

图 2.3-13　彩色路面铺装
(a) 修补前；(b) 修补后

2.3.7　巡养一体化

巡养一体化：以及时发现病害、处置病害为目的，以"随时发现、随时修复"为原则，对道路进行日常巡视和维修，其维修作业内容多为日常养护类病害处理，如图 2.3-14、

图 2.3-15 所示。

（a）　　　　　　　　　　　　　　　（b）

图 2.3-14　路面修补

（a）修补前；（b）修补后

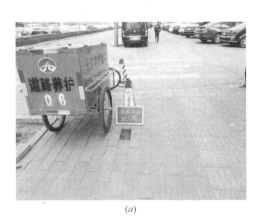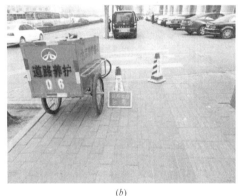

（a）　　　　　　　　　　　　　　　（b）

图 2.3-15　步道修补

（a）修补前；（b）修补后

2.4　常用机械设备及用途

2.4.1　日常养护设备

1. 大型铣刨机

主要用于路面及基层挖除，适用于宽度大于 2m，挖除深度大于 4cm。采用精细铣毂时，可进行路面拉毛和精细铣刨。配合载重汽车同步施工，将挖出后的旧料通过传送带运至载重汽车，如图 2.4-1 所示。

2. 小型铣刨机

主要用于道路边缘、起始点、检查井及构筑物周边的铣刨挖除工作，使用于铣刨宽度 0.5~1m，铣刨深度 10cm，如图 2.4-2 所示。

（a）   （b）

图 2.4-1　大型铣刨机
（a）设备；（b）施工图

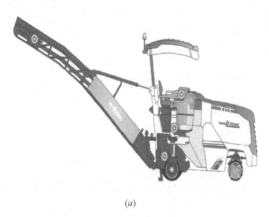

（a）   （b）

图 2.4-2　小型铣刨机
（a）设备；（b）施工图

3. 日常养护液压工作站

车载式小型液压工作站，可为液压镐、切割、破损等现场工作提供动力，适用于道路的零星坑槽、小面积病害的修复，如图 2.4-3 所示。

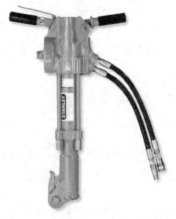

4. 小型夯实工具

用于零星病害或小面积病害的压实。冲击夯可用于基层、基层边缘或构筑物周边压实；平板振动夯适用于沥青面层小面积病害的压实，如图 2.4-4 所示。

5. 灌缝设备

对道路宽度小于 15mm 的裂缝进行修复，如图 2.4-5 所示。

6. 清扫车

用于路面清表和铣刨后的清底工作，如图 2.4-6 所示。

图 2.4-3　车载式小型液压工作站

(a)　　　　　　　　　　　　　　　(b)

图 2.4-4　小型夯实工具

(a) 设备；(b) 施工图

(a)　　　　　　　　　　　　　　　(b)

图 2.4-5　灌缝设备

(a) 设备；(b) 施工图

(a)　　　　　　　　　　　　　　　(b)

图 2.4-6　清扫车

(a) 设备；(b) 施工图

2.4.2 预防养护设备

1. 摊铺机

用于道路面层摊铺，大型摊铺机使用宽度为3～10m，小型摊铺机最小宽度为1.8m。现场条件允许时，应尽量选用大型设备，如图2.4-7所示。

（a） （b）

图 2.4-7 摊铺机
（a）设备；（b）施工图

2. 摊铺一体机

主要用于超薄磨耗层的摊铺，摊铺厚度小于2.5cm，乳化沥青撒布、摊铺同时完成，如图2.4-8所示。

（a） （b）

图 2.4-8 摊铺一体机
（a）设备；（b）施工图

3. 雾封层设备

属于预防性养护机械设备，主要对沥青表面进行撒布封层材料，稳固表面集料、闭合细微裂缝，如图2.4-9所示。

4. 同步碎石封层设备

主要用于面层与基层间的应力吸收层，也可用于沥青面层的预防性养护，如图2.4-10所示。

（a）

（b）

图 2.4-9　雾封层设备
（a）设备；（b）施工图

（a）

（b）

图 2.4-10　同步碎石封层设备
（a）设备；（b）施工图

5. 微表处、稀浆封层摊铺机

主要用于预防性养护工作，恢复道路面层的使用功能，如图 2.4-11 所示。

（a）

（b）

图 2.4-11　微表处、稀浆封层摊铺机
（a）设备；（b）施工图

6. 振动压路机

用于道路面层摊铺时的初压、复压、终压。常用为双钢轮压路机（10～13t），胶轮压

路机（15～25t），如图2.4-12所示。

(a)　　　　　　　　　　　　　(b)

图2.4-12　振动压路机
（a）双钢轮压路机；（b）胶轮压路机

7. 降尘设备

主要用于施工现场防尘，有车载式雾炮和移动式雾炮，如图2.4-13所示。

(a)　　　　　　　　　　　　　(b)

图2.4-13　降尘设备
（a）车载式雾炮；（b）移动式雾炮

2.5　城市道路养护作业管理体系构成

2.5.1　建立管理养护的组织机构

根据管理养护道路的分布特点、数量、路况、地区气候等特点，建立养护管理组织机构，其中养护项目部作为道路管理养护的基层单位和养护实施单位。

养护项目部组织机构，如图2.5-1所示。

2.5.2　制定管理养护流程和制度

管理养护流程应按照与道路产权单位或业主单位签订的相关协议和管理文件进行制

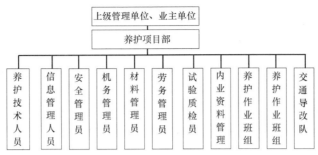

图 2.5-1　组织机构图

定，其中项目部的养护流程和制定，应本着对管养道路及时养护、抢修抢险保障有力、保证养护工程安全施工、质量合格等原则制定。

养护技术人员：养护技术人员主要负责编制年度维修计划、道路病害信息调查、编制施工方案、组织养护施工、现场管理等内容。

信息管理人员：负责接收病害信息、社会及相关单位问题接收及反馈、信息平台的病害分类、对外热线及社会来电的接收及反馈。

安全管理人员：负责项目部年度安全方案的制定和执行监督、对养护施工现场的安全管理、组织对作业人员和机械单位进行安全交底、对养护作业的日常安全行为进行管理和考核。项目部安全员应为专职安全员，不得参与其他岗位工作，不得兼职岗位。

机务管理人员：对养护作业机械和车辆进行管理，负责调配养护机械、对自有资产进行维护和管理、对做作业机械的性能和环保进行管理，对外租机械进行合同管理和票据签认工作。

材料管理人员：负责采购分配养护工程所需的材料、与厂家签订合同及签认结算工作。

劳务管理人员：对下属劳务队进行日常管理，保证劳务人员的权益得到保障，保证劳务人员在现场安全有序作业。

试验质检员：负责对养护工程的施工质量、材料质量、材料试验进行日常管理，负责组织内部的质量检查工作。

内业资料管理：负责收集整理管养道路的基础数据文件，养护工程的施工资料编制、整理、存档工作。

养护作业班组：根据管养道路的分布和数量成立养护作业班组，以能快速处置抢修抢险、及时修复道路病害为原则进行班组驻点布置，班组应由作业班长进行日常管理、具体任务分配、班组自有人员日常管理。

交通导改队：项目部应成立专业的交通导改队，对施工占路进行交通拦护工作，并负责对导改设施和车辆进行管理。交通导改队应根据不同的作业路段编制不同的交通拦护方案，保证作业人员在安全有效的拦护区域内进行养护作业。

2.5.3　建立养护巡查体系

其包括专业巡查人员队伍建设、配备专业的巡查设备、完善巡查技术手段、规范巡查制度，使巡查工作制度化、规范化、标准化，做到及时发现问题、及时解决问题，为养护工作提供依据。

1. 专业巡查队伍建设

结合管养范围及市政设施情况，组建一支巡查队伍，并对巡查人员进行巡查作业、市政设施巡视、事件辨识及描述、施工过程监管、施工完工复核等业务进行统一培训及考核，从而形成专业化的巡查队伍。

2. 配备专业巡查设备

配备专业的巡查车辆和巡查病害上报手机，巡查车辆包括通用工程作业警灯与警报装置、影像记录存储设备、全方位照明设施、LED情报显示系统、GPS轨迹设备及其他控制装置等满足专业的巡查需求；巡查病害上报手机通过安装 APP 软件将巡查病害情况事件进行上报。

3. 完善巡查技术

建立一套完善的巡查系统平台及手机 APP，巡查人员通过手机 APP 软件快速上报的病害数据会存储到道路养护巡查平台数据库中，内业处理人员可在系统中根据上报的病害情况进行数据审核、分拣、任务派遣等操作。

4. 规范巡查制度

（1）实行三级巡查制度

一级巡查：由巡查员负责执行，进行日常巡查、夜间巡查、特殊检查等巡查工作。

日常巡查包括：道路、桥梁、路灯及排水设施等相关项目，主要包括道路病害或损坏进行检查，并通过手机软件进行上报，通过管理后台及时通知施工队伍进行修复；养护施工作业现场规范程度，养护施工项目工程质量情况，养护作业施工标准、操作规程执行情况，清扫工作作业情况，道路畅通情况，紧急情况突发事件等；及时清除影响性车安全的散落物。

夜间巡查包括：对影响道路安全性进行检查；清除影响行车安全的路面散落物；对施工现场标志、标牌等进行检查，发现倒伏、缺失等不规范现象及时纠正；对紧急情况突发事件及时上报和采取措施。

特殊检查指：发生大的洪水、台风、地震等自然灾害和有可能对绿化造成较大破坏的异常情况时和对病害较为严重的绿化部分进行的检查。

二级巡查：由各个片区组织进行的巡查工作，通过巡查掌握辖管内的道路及市政设施情况，根据巡查结果，对所在片区内的巡查人员巡查质量进行检查，及时发现、解决问题，督导养护工作。

三级巡查：由调度中心进行随机抽查，对一、二级巡查执行情况进行检查，检查结果与月度考核挂钩。

（2）养护巡查检查考核制度

养护工区应根据本制度，以认真负责的态度做好各级、各类养护巡查工作，根据三级巡查的检查和抽查情况，结合月度养护工作考核，对工区巡查工作进行考核。对责任心强、业务熟练、能够及时发现问题、及时妥当处理问题的巡查人员予以适当表扬和奖励，对工作不负责任的巡查人员提出批评和指正，对造成严重后果的，视情节给予严肃处理。

2.5.4　道路养护维修队伍

（1）根据道路设施分布、数量、道路状况建立养护作业体系。道路养护的主体为养护项目部，其负责辖区内的道路养护作业、抢修抢险、备勤保障等工作。

（2）按照养护基点和道路分布情况，设置养护作业班组，作业班组以标准化作业单元为实施主体。根据道路数量可设置若干标准化作业单元。

（3）作业单元的配备时，应统一配备车辆、维修工具、作业人员，每个作业单元均应具备独立完成养护作业内容的要求。

（4）每个作业单元均应配备技术人员、交通安全员、领工员及作业人员。保证养护作业时全员在岗，作业单元配备完整。

（5）实施道路中修、大修时，由于维修规模较大，项目部应成立专业交通导改队。对所实施维修的道路进行路况分析，导行方案制定，配合标准化作业单元施工，保证现场和施工人员的安全。

（6）专业交通导改队应依据当地交管部门颁布的占路要求编制交通导行方案，每个导行路段不少于两名专职安全员。

（7）将巡养一体化作为日常零星病害维修的补充，做到及时发现、及时修复，提高病害的维修效率，减少因养护作业造成的交通压力。

2.5.5 道路抢修抢险、重大社会活动等备勤保障制度

根据养护项目部管辖区域特点、道路分布特点、重要场馆及驻地分布情况。制定有针对性的备勤保障方案，细化并执行。

（1）节假日备勤保障时间：元旦、春节、五一、端午节、国庆节、春节等法定假期。

（2）重大活动包括北京市两会、全国两会、党代会等国内外重大活动及临时任务。

（3）接到上级保障任务通知时，项目部应根据现有人员、机械设备、基点分布安排保障任务的落实。

（4）目部及班组所有成员均为保障备勤工作的候选人员，项目部根据当前施工任务和人员情况，确定备勤保障人员。

（5）保障人员中必须包含项目经理、项目副经理、班组长，并作为相关区域的负责人和联系人。

（6）所有参与保障的人员在保障期间不得休年假或请事假，在规定的值守期内，不得离岗。

（7）备勤保障的材料物资、机械设备应优先得到分配，备勤保障的机械设备和物资在备勤期间必须全程处于待命状态，禁止在闲置时挪作他用。

（8）保障基点如需要租赁机械设备进行保障时，所租赁机械和操作人员必须24h待岗。不得离开保障基点。

（9）项目部选派的备勤保障人员，在备勤期间不得参与项目部其他工作，如需临时调换，必须得到项目经理允许。各区域备勤负责人一经上报，不得更换。

（10）备勤保障时劳务人员必须全程在岗，不得参与其他施工工作，保障期间，24h处于待命状态。不得随意更换作业人员。

第❸章 ▶▶▶

城市道路养护组织与实施

3.1 城市道路养护巡查

巡查是养护和路政工作开展的驱动力、监管措施和评价手段之一，通过巡查工作基本上可以客观反映养护和路政工作水平，在道路管理过程中通过巡查发现问题，通过养护及路政工作解决问题，然后再巡查复核解决问题的效果，实现了养护和巡查工作互相制约、互相监督，共同提升城市道路的养护管理水平。

3.1.1 路政巡查

路政巡查是协助公路路政管理执法部门根据国家的法律、法规和规章，对公路进行的行政管理，目的是保障公路使用的质量，提高公路的社会经济效益。

3.1.2 道路病害巡查

道路病害巡查，巡查人员应对路面外观变化、结构变化、道路施工作业情况及附属设施等状况进行检查。在巡查过程中，对发现设施明显损坏或影响车辆和行人安全的情况，应及时采取相应拦护措施。特殊情况可设专人看护。

3.1.3 监督与考核

巡查的另一个作用是对养护单位病害的修复情况进行核查，对道路的养护维修情况监督考核。通过养护和巡查工作互相制约、互相监督，共同提升城市道路的养护管理水平。

3.2 城市道路技术状况检测与评定

3.2.1 城市道路技术状况检测

1. 检测内容

（1）路面破损检测的内容

按照《城镇道路养护技术规范》CJJ 36—2016 有关内容要求，对路面损坏状况进行检测。路面损坏状况检测的病害主要分为四大类：裂缝类、变形类、松散类和其他类，具体病害包括裂缝（线裂、网裂、碎裂）、车辙、沉陷、拥包、剥落、坑槽、啃边、路框差、修补损坏等。各类病害的定义和计量标准见表 3.2-1。

沥青路面破损检测的病害定义及计量标准　　　　　　　　　　　表 3. 2-1

损坏类型	病害	定义	计量标准
裂缝类	线裂	指单根/条裂缝,包括横缝、纵缝以及斜缝等	裂缝长度等于或大于 1m,宽度等于或大于 3mm。按裂缝长(m)×0.2(m)计算
	网裂	交错裂缝,把路面分割成近似矩形的块,网块直径小于 3m	按一边平行于道路中心线的外接矩形面积计量
	碎裂	裂缝成片出现,缝间路面已裂成碎块,碎块直径小于 0.3m,包括井边碎裂	开裂成网格状,外围面积小于或等于 1m² 不计,井框面积不计。按其外边界长(m)×宽(m)计量
变形类	车辙	在行车作用下沿车轮带形成的相对于两侧的凹槽	以 3m 直尺横向测量。凹槽深大于 30mm 时,按车辙长度(m)×车道(轮迹)全宽(m)计量
	沉陷	路面局部下沉	在 3m 直尺范围内沉陷深度大于 5mm。按长(m)×宽(m)计量
	拥包	路面面层材料在车辆推挤作用下形成的路面局部拱起	路面局部隆起,在 1m 范围内隆起不小于 15mm。按长(m)×宽(m)计量
松散类	剥落	面层细料散失	面层材料散失深度不大于 2cm。外围面积小于 0.1m² 不计。按散失范围长度(m)×宽度(m)计量
	坑槽	路面材料散失后形成的凹坑	路面材料散失形成坑洞,凹坑深度大于或等于 20mm。按长(m)×宽(m)计量
	啃边	由于行车荷载作用致使路面边缘出现损坏	路面边缘材料剥落破损或形成坑洞,凹凸差大于 5mm。按宽度(m)×长度(m)计量
其他类	路框差	路表与检查井框顶面的相对高差(高或低)	路面与路框差等于或大于 15mm。按井数×1m² 计量
	修补损坏	路面在修补位置产生的损坏或病害	按修补后的损坏面积计量

（2）检测车道确定的原则

道路检测时严格按照招标文件和《城镇道路养护技术规范》CJJ 36—2016 的要求对路面的损坏情况进行检测。

每条道路根据道路宽度不同，选取 1～6 条典型车道进行检测：

主路机动车道数为 3 条以下的，选取 1 条行车道作为典型车道检测路面破损状况；主路机动车道 4～7 条的，选取上下行各 1 条行车道进行检测；主路机动车道 8 条以上的，选取上下行各 2 条行车道检测。

辅路有机动车道的，双向辅路各检测 1 条车道；辅路为非机动车道的，不进行检测。

检测车道的选取还应遵循如下原则：

1）优先选取公交车道。

2）尽量选取机动车通行量大的车道。

3）由于目前我市市管城市道路的建设和改造项目较多，对于有在施工的道路路段，不具备检测条件的，不予检测。

2．现场踏勘

现场踏勘的主要内容是标段内道路分布情况、道路交通现状以及道路路况等基本信息。通过本标段内道路分布情况的了解和掌握，对标段内道路的检测顺序进行合理的优化布置，从而能加快道路检测进度，保证检测项目的工期。通过对道路交通现状以及路况等信息的现场踏勘，了解各条道路起终点、道路交叉口、行车道数量以及路面病害状况，从而按照有关要求确定各条道路检测车道数量及检测具体位置。

3．检测方法

路面破损检测采用"多功能路况快速检测系统（CICS）"，如图3.2-1所示。该系统是我国第一套具有完全自主知识产权和世界先进技术水平的多功能路况快速检测设备，它能够在正常车流速度下，一次性完成路面损坏状况、路面平整度、路面车辙和前方图像等多项技术指标的检测工作。

图 3.2-1　路况快速检测系统（CICS）

CICS系统采用线扫成像技术采集路面破损图片，采用工业相机技术采集前方图像，安装了旋转编码器和GPS定位系统，能够将所有检测数据与地理位置信息关联起来。

CICS集成了激光断面检测装置，用于采集路面纵断面高程，计算路面平整度。

CICS系统配备了共梁多传感器车辙检测设备，由13个激光传感器和2个加速度计组成，最外侧2个激光传感器采用斜角测量方式，可以将横断面车辙检测宽度扩大到3.6m。

3.2.2　城市道路技术状况评定

1．养护状况调查内容

城镇道路养护状况调查内容包括车行道、人行道（含路缘石）、路基与排水设施、其他设施的破损状况，调查可采用全面或抽样调查方式，较大规模调查工作宜采用先进仪器设备快速检查，或设备检查与人工检查相结合的方法。

2．养护状况评定指标

城镇道路养护状况评定指标应由车行道完好率、人行道（含路缘石）完好率、路基与排水设施完好程度和其他设施完好程度评分构成。评定指标体系如图3.2-2所示，具体评定指标详见《城镇道路养护技术规范》CJJ 36—2016中13.4.2条。

3．养护状况评定

城镇道路养护状况评定等级应按车行道、人行道、路基与排水设施、其他设施四类设施单元分别确定优、良、合格、不合格四级，以优、良、合格单元数占总检查单元数的百分比为该设施的合格率，对每条城镇道路的四类设施合格率的加权平均值为该路养护状况综合完好率。

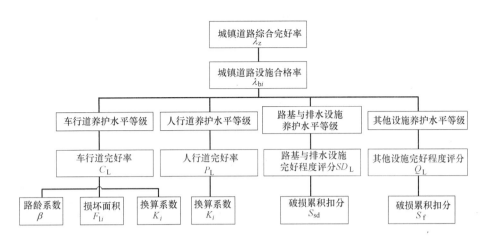

图 3.2-2 评定指标体系

车行道、人行道、路基与排水设施、其他设施养护状况及道路综合完好率的评定等级应符合表 3.2-2～表 3.2-6 的规定。当出现结构强度不足时，设施养护状况评定等级不得为优或良。

车行道养护状况评定等级标准 　　　　　　　　　　　　　　　　表 3.2-2

养护状况等级	完好率 C_L（%）			
	快速路	主干路	次干路	支路及其他
优	≥99.0	≥98.5	≥98.0	≥95.0
良	$98.0 \leqslant C_L < 99.0$	$97.0 \leqslant C_L < 98.5$	$96.0 \leqslant C_L < 98.0$	$90.0 \leqslant C_L < 95.0$
合格	$95.0 \leqslant C_L < 98.0$	$93.0 \leqslant C_L < 97.0$	$91.0 \leqslant C_L < 96.0$	$85.0 \leqslant C_L < 90.0$
不合格	<95.0	<93.0	<91.0	<85.0

人行道养护状况评定等级标准 　　　　　　　　　　　　　　　　表 3.2-3

养护状况等级	完好率 P_L（%）
优	≥98.0
良	$96.0 \leqslant P_L < 98.0$
合格	$91.0 \leqslant P_L < 96.0$
不合格	<91.0

路基与排水设施道养护状况评定等级标准 　　　　　　　　　　　　表 3.2-4

养护状况等级	完好率 SD_L（%）
优	≥90.0
良	$75.0 \leqslant SD_L < 90.0$
合格	$60.0 \leqslant SD_L < 75.0$
不合格	<60.0

其他设施养护状况评定等级标准　　　　　　　　　　表 3.2-5

养护状况等级	完好率 Q_L（%）
优	≥90.0
良	75.0≤Q_L<90.0
合格	60.0≤Q_L<75.0
不合格	<60.0

城镇道路养护状况评定等级标准　　　　　　　　　　表 3.2-6

养护状况等级	完好率 λ_z（%）			
	快速路	主干路	次干路	支路及其他
优	≥95.5	≥95.0	≥94.5	≥94.0
良	88.5≤λ_z<95.5	88.0≤λ_z<95.0	87.5≤λ_z<94.5	85.5≤λ_z<94.0
合格	80.0≤λ_z<88.5	79.0≤λ_z<88.0	78.5≤λ_z<87.5	76.5≤λ_z<85.5
不合格	<80.0	<79.0	<78.5	<76.5

3.3 养护维修计划制定及实施

3.3.1 养护维修计划制定

1. 制定养护维修计划

根据管理养护的道路位置、重要程度、病害分布等情况，制定年度的精细化养护方案。可以根据具体情况落实到季度、月度、周养护计划。

在制定维修计划时，应充分考虑道路的维修效果，力争做到统一安排、整体修复，以点带动线，以线带动面的维修思路，避免同一条道路反复进场施工，按照道路单元格对病害进行收集分类，制定科学经济可行的维修计划。

2. 精细化调查管理的应用价值

数据调查应在养护规范的基础之上继续深化和拓展，力争做到养护方案具有针对性，将养护方案具体化、精细化，针对不同等级道路，编制不同的养护规划，在道路管理养护整体提级的前提下，使养护资金的使用和养护效果达到理想平衡，同时使精细化管理的道路成为管理养护的示范路、样板路。

通过专业技术人员对道路进行路面破损、平整度、路面抗滑、路面车辙、结构强度的评估检测，结合投资效益分析根据年度投资建议计划确定适当的道路养护定位，制定大修、中修及预防性养护工程的计划，确保工程项目计划科学、合理，技术可行，符合道路养护管理目标。

3.3.2 道路精细化养护方案制定

1. 精细化道路选择

由于道路修建年代和养护状况不同，应根据道路调查数据，结合道路实际情况选择适合进行精细化管理的道路。选择精细化道路养护时，应从提高设施养护水平、提高设施服务水平、提高道路管理水平、提升道路综合环境四个方面进行综合考虑。

（1）提高设施养护水平

保证道路整体状况良好，人行道、盲道、无障碍设施完善，日常病害维修标准符合规范要求，紧急类病害能在24h内进行修复。巡养一体化工作在有效落实落实，保证道路处于无病害状态。

（2）提高设施服务水平

提高道路通行的舒适性，提高道路抗滑、降噪、抗车辙指标。保证人行步道平整贯通，穿越路口时做无障碍处理，并施画斑马线。完善道路交通标线、指引标识牌等功能设施，更好地为机动车、非机动车、行人、盲人提供优质服务，完善非机动车道、慢行系统的建设工作，保证各有路权。将盲道系统进行完善，在精细化管理道路范围内，盲道应连续贯通，使盲道终端延伸至路口、公交站、天桥、主要商业区等地区。

（3）提高道路管理水平

提高道路产权保护意识，保证道路在使用期间不受到人为破坏，加强道路巡管力度，对违法占路、挖掘道路的行为进行监督管理。制定道路管理保护条例，将道路日常管理落实到具体巡查人员，建立道路巡查动态档案。

对许可的占路、掘路工程进行专项监管，对占路范围、挖掘类型、开挖位置、占用时间进行专项管理，把整道路在施工结束后，按原道路标准进行原样恢复。

（4）提升道路综合环境

保证道路设施外观效果，处理道路的日常病害时，恢复后的外观应与原道路一致，所有材料类型、颜色、规格应与原道路一致。

保证道路外观干净整洁，防止道路受到污染，及时清理小广告、喷涂等污渍。规范道路标志标线、指示牌，路名牌等附属设施。保证设施完好整洁。

2. 精细化管理方案制定

充分考虑道路现状、周边环境等因素，针对每一条路制定有针对性的精细化管理方案。对沥青路面病害、检查井病害、人行道、无障碍设施分布等进行重点排查。

（1）沥青路面类病害

沥青路面类病害主要处理方法可分为日常养护（零星补修），小修、中修、专项等方法，对于道路存在的零星病害或小于$10m^2$的病害，可采用日常养护的手段进行维修。若病害面积在$10\sim400m^2$之间，如大面积网裂、碎裂病害，可采取小修手段进行维修。若病害较为集中，通过维修后可以提升整条道路或部分单元格的路况效果时，可进行中修施工。对于路口、公交车站等容易出现车辙的路段，可进行路面抗车辙的专项施工。

（2）检查井

检查井病害主要类型为：井周边路面破损、井周边下沉、井盖与路面存在高差，井盖跳响。

井周边破损主要存在于沥青混凝土路面，可通过日常养护、巡养一体化工作进行处理。井周边下沉多因为原路基、基层密实度不足出现下沉，通常需要将基层、面层一同处理，按道路原结构类型对井周边进行恢复，也可采用检查井加固进行专项处理。井盖与现况道路存在高差时，应对检查井进行升降处理，在有条件的地区，可在升降的同时进行加固处理。井盖跳响影响通行效果，且存在安全隐患，应与相关产权单位协同治理，更换井盖的同时，解决高差、井周边下沉等病害。

（3）人行道

人行道要保证在所属道路内完全贯通，外观平整，宽度符合规范要求，盲道位置准确。清除行人通行位置的障碍物。对步道确实、下沉、拱起等病害采用日常养护或巡养一体化的手段进行维修。步道砖出现大面积沉陷、面层脱皮病害的可进行小修或中修处理。

（4）无障碍设施

人行步道的盲道设置应符合规范要求，在横穿路口、公交车站、过街天桥等位置应与现况路面进行平接。对人行步道的检查井应按照无障碍设施标准进行升降。盲道改造时尽量沿直线布置，在转弯或路口位置设置提示砖。

3.3.3 道路精细化养护实施

1. 精细化养护的基本规定

基本规定见表3.3-1。

基本规定 表 3.3-1

1. 人行道	铺装平整、无松动、残缺、相邻高差小于 5mm
	无障碍系统规范，畅通、无缺损
	路缘石稳固、平直、原顺、勾缝严密
	树池边框牢固、整齐；无突起、残缺
2. 非机动车道	路面平整，无破损，无沉陷，无颠簸；彩铺标识清晰，无脱落
	雨水口周边无破损
3. 车行道	路面平整，无破损，无沉陷，无颠簸。检查井井周 1.5m×1.5m 范围无沉陷松动

2. 精细化养护的实施标准

对道路进行精细化管理时，按照道路的所属区域、道路等级对道路进行分等级养护，具体等级及养护标准，见表3.3-2。

养护标准 表 3.3-2

序号	病害类型		单位	一等	二等	三等	备注
1	步道病害	地锚（步道）	处	地锚			
2		错台	m²	高差＞10mm	高差＞10mm	高差＞15mm	
3		拱起（步道）	m²	突起量＞20mm	突起量＞30mm	突起量＞40mm	
4		破碎	m²	砌块断裂成多块，轻微变形	砌块断裂成多块，明显变形	砌块断裂成多块，严重变形	

续表

序号	病害类型		单位	一等	二等	三等	备注
5	步道病害	沉陷（步道）	m²	深度>20mm	深度>30mm	深度>40mm	1m²内
6		松动	m²	脚踩明显感觉晃动	脚踩明显感觉晃动	脚踩明显感觉晃动	
7		风化麻面	m²	影响外观统一性，盲点、盲条磨损	影响外观统一性，盲点、盲条磨损	影响通行	
8		井边破损（步道）	座	井边轻微破损	井边轻微破损	井边严重破损	
9	附属设施病害	树池口拱起	处	突起量>20mm	突起量>30mm	突起量>40mm	
10		树池口破损	处	单根断裂、露骨	单根断裂、露骨、露筋	单根断裂变形、露筋	
11		路缘石歪斜	m	歪斜>20mm	歪斜>30mm	歪斜>40mm	
12		路缘石风化	m	影响美观，露骨	影响美观，露骨	影响直顺度，露骨	
13		平石破损	m	断裂、拱起、风化	断裂变形、拱起、风化	缺失	
14		防眩板破损	块	污染、歪斜、倾倒、损坏	歪斜、倾倒、损坏、缺失	倾倒、损坏、缺失	
15		隔离墩歪斜	m	歪斜>20mm	歪斜>30mm	歪斜>40mm	
16		隔离墩破损	m	露骨、露筋	露骨、露筋	露筋	
17		波形护栏变形	m	变形>100mm	变形>100mm	变形>200mm	
18		帽石缺失	m	松动、缺失	松动、缺失	松动、缺失	
19		挡土墙破损	m²	风化、剥落、倾斜、下沉、装饰破损	风化、剥落、倾斜、下沉、装饰破损	倾斜、下沉	
20		栏杆破损	m	锈蚀、变形、露筋、缺失	锈蚀、变形、露筋、缺失	露筋、缺失	
21		边沟淤塞	m	沉积100mm，或>管径1/3	沉积150mm，或>管径1/2	沉积200mm，或>管径2/3	
22		边坡破损	m²	边坡变形>50mm	边坡变形>100mm	边坡变形>150mm	
23	道路路面病害	裂缝	m	裂缝长度≥1m，缝宽≥6mm	裂缝长度≥3m，缝宽≥6mm	裂缝长度≥5m，缝宽≥10mm	
24		网裂、碎裂	m²	网块直径<3000mm	网块直径<1000mm	碎块直径<300mm	
25		车辙	m²	深度>15mm	深度>30mm	深度>50mm	
26		沉陷（沥青）	m²	深度>25mm	深度>30mm	深度>50mm	5m²内
27		拱起（沥青）	m²	突起量>25mm	突起量>30mm	突起量>50mm	5m²内
28		松散	m²	表面沥青和细集料少量散失，路面粗糙	表面沥青和细集料少量散失，路面粗糙	表面沥青和细集料大量散失，路面有微坑	

续表

序号	病害类型		单位	一等	二等	三等	备注
29	道路路面病害	波浪（搓板）	m²	高差＞15mm	高差＞15mm	高差＞20mm	
30		井边破损（沥青）	座	井边轻微碎裂	井边轻微碎裂	井边严重碎裂	
31		地锚（沥青）	处	地锚			

3.4　城市道路养护管理信息化系统

3.4.1　道路管理信息化建设的必要性

1. 精细化管理必然要求

目前在公路管理、养护、维护、路政、救援、应急指挥等管控作业流程都是基于二维地图实现的。行业对公路网各种构造物和实施布局的地理信息的掌握，是路网运营、养护管理的重要因素。在二维地图上，所有的公路设施都是以平面投影的符号来表达的，不但不够直观，有时还会导致判读的困难，也无法全面表示立面目标之间准确的相对关系。所以基于传统二维地图的 GIS 空间分析是不完整的。因此，需要一种新的数据源和数据管理手段来满足公路部门在路政、养护、应急和出行服务等方面在公路可视化、信息化综合管理的需要。

精细化的实景三维 GIS 的应用技术正是在这样的背景下应运而生。三维平台的应用将使各种非 GIS 专业的业务、管理、领导人员在日常管理中不再唯一地依靠抽象的图纸、枯燥的数据、孤立的图像来分析判断运营、养护、应急救援面临的各种复杂的相关矛盾或冲突。可以借助实景三维模型数据库，快速浏览事件现场的实景；更能够直观地管理路面上、路基下、路两侧以及道路红线范围内的各类设施；能在任意终端上查看道路及各类管线立体横断面的位置关系，为应急处置和施工作业提供更为翔实可靠的信息依据，提高工作效率。

2. 人民群众的迫切需求

在我们居住的城市，似乎所有城市的公民都有一个共同的期望：去停车场可以不用取卡索票，很方便；一日千里的出行旅程能够取代一步一停的堵车路、足不出户就可以提前规划出行路线，一目了然；查询服务和办事效率更加便捷畅通，甚至生活更能自由点等。人民群众是信息化建设的最终服务对象，让人民群众看得见、摸得着、用得上，才是信息化建设的最终目的。随着信息化建设的发展，无论是智慧城市、物联城市还是数字城市，都是为了让人民群众生活得更好。

3. 行业发展的必然趋势

随着社会经济、信息技术的发展，跨部门、跨地区、跨行业、跨应用系统之间的信息交换、信息共享、信息协同处理成为十分普遍的迫切要求，在更大范围内形成统一的信息平台。在更高更大的统一信息平台上，开发与提升新的应用，成为政府、行业、企业社会的现实的热切的愿望和要求。

（1）有利于转变管理理念，丰富管理手段，提高养护效率和服务水平

（2）可实现网络化日常管理工作，提高管理水平和工作效率

基于网络三维组件，构建三维地理信息平台，依托现有成熟网络，为用户提供分布式的可定制的地理信息服务平台。通过这个平台，网络用户可以享受直观的三维地理信息服务，针对各种专业用户，可以给予此平台搭建满足专业用户的专题应用。能够实现通过现有平台进行调阅档案，检索桥梁及设施设备信息、查看街景影像等，并在此基础上，为查询业务信息提供了稳定条件。

（3）可实现数据资源共享互通

随着信息化建设不断快速发展，越来越多的应用系统已投入使用。在交通委、路政局信息化管理部门的领导和支持下，认真贯彻国家信息化发展战略，根据"统筹规划、资源共享、重点突破、深化应用"的原则，结合自身特色，以实现数据资源共享为主线、以提高应用水平为重点，以消除信息孤岛为目的，搭建信息交互平台，来解决应用系统之间的数据共享和集成问题，让各种数据资源能够在各应用系统之间实现互联互通。

（4）实现信息及时性传递和共享功能

根据管理部门对数据服务形式、功能服务形式、数据服务形式等的业务需求，基于基础平台建立专业的用户管理模块，该模块是平台进入，针对每个专业用户分配不同数据共享和功能服务共享的权限。数据通过该平台实现共享功能和时时传递，数据分为三大类，分别是三维地形数据、基础地理信息数据和专题数据。三维地形数据是由多源多尺度的遥感影像和多尺度数字高程模型数据构成，以三维实景表现形式向用户提供。根据不同用户权限，三维地形数据集成的数据的尺度各不相同。

通过基础数据共享、三维模型数据共享、专题数据共享与专题功能服务共享，将信息及时性传递，可在政府决策、城乡规划、应急指挥、防灾减灾等领域能发挥出积极的作用。基础平台信息共享服务的建设以及应用，为各个管理单位的科学合理规划决策提供强有力的技术支持。

3.4.2　道路多维数据体系建设

1. 多维数据建设整体框架

传统的二维空间数据具有完整而规范的生产方法，但对道路多维数据而言情况有很大的不同。一方面道路多维数据生产时具有多样的数据源，不同数据源具有不同的数据获取特点；另一方面，道路多维数据模型对象具有更复杂的特征，包含有几何、纹理、属性等不同的数据内容，因而其数据生产具有更为复杂的生产工艺与生产流程。

道路多维数据的生产流程从总体上可分为道路多维数据集成、数据存储以及数据更新。在每一阶段都需要根据作业规划并按照相关规范进行数据生产。

（1）道路多维数据生产集成

使用影像采集车、人工采集等方式获取数据，通过不同的软硬件技术平台进行数据处理、数据建模与数据集成，最终得到满足要求的道路多维数据产品，主要包括影像采集车载数据、定点人工采集数据、桥梁电子档案数据和道路三维模型数据等数据产品。

（2）数据存储

通过数据接入网关（接口），接入由道路多维数据集成和数据更新两个环节生产的道

路多维数据，针对数据类型与应用需求，构建跨结构化数据存储与组织，基于文件和数据库进行道路多维数据混合存储与管理，并在上层对外提供统一访问接口。

（3）数据更新

对数据库中的变更数据进行再生产，质量检查合格后入库融合，实现道路多维数据的现势性更新和稳定性更新，三者之间联系如下：

1）道路多维数据集成中各阶段形成的数据成果（或产品）入库存储；

2）数据更新中生产的变更数据入库融合；

3）数据库为数据更新策略确定提供数据服务；

4）变更数据生产是针对变化的数据进行再生产（即道路多维数据集成过程）。

2. 多维数据生产内容

道路多维数据集成中涉及大量不同类型的数据源、不同的软硬件技术平台、不同的产品形式；同时，对生产作业人员的要求常常也大不相同，需要多人分工，人机协同，最终得到满足要求的道路多维数据产品，主要包括影像采集车载数据、定点人工采集数据、桥梁电子档案数据和道路三维模型数据等数据产品。

3. 多维数据生产流程

道路多维数据集成流程按生产环节可以分为四个部分：数据采集和处理（外业生产），数据建模和发布（内业生产）。具体流程如图 3.4-1 所示。

（1）数据采集：通过影像采集车、人工作业等方式进行数据采集，获取影像采集车载数据、定点人工采集数据和桥梁电子档案数据生产中的原始数据类型。

（2）数据处理：针对数据采集环节的原始数据进行相对应的处理，为数据建模环节提供所需数据类型。

（3）数据建模：通过建模软件进行道路三维模型数据的制作，为上层应用平台提供统一的数据模型和应用基础。

（4）数据发布：基于空间协同的框架集成各种数据类型，以元数据为核心管理道路多维数据，提供道路多个维度的信息可视化与服务应用。

4. 多维数据更新

数据更新就是入库后的数据（含空间数据、属性数据和其他相关数据）需要定期或不定期地修改。数据信息是有一定的生命周期，特别是道路地理数据。随着地理环境中的道路及其相关附属要素的变化，道路多维数据的及时、有效更新是城市基础地理信息建设可持续发展的重要条件。为了满足道路多维数据中各种专业数据管理的需要，针对不同的数据类型将需要不同的数据更新方式。

（1）现势性更新

现势性是一个地图学概念，指的是资料的新颖程度——距离目前的时间越短，现势性就越强，即数据与现实世界物体的一致性。

数据现势性更新基本是数据的局部更新，即按需、快速和及时更新相互结合的方式，保持道路多维数据整体的现势性，保证重要核心要素的实时性和使用性，便于管理者及时分析应用，做出管理决策。

（2）稳定性更新

数据稳定性更新是大部分的数据生命周期较长，稳定性好，需要按照制定的更新周

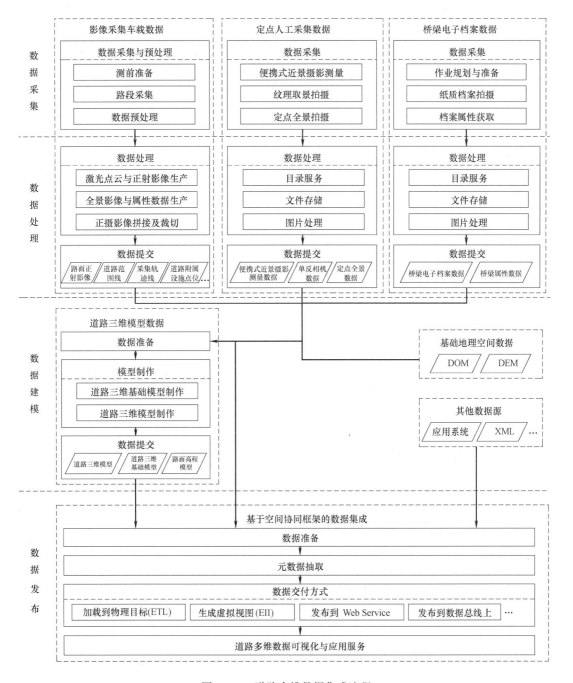

图 3.4-1　道路多维数据集成流程

期、更新规则和流程进行系统性更新，保证数据整体的完整性和实用性，保证系统应用的逻辑一致性。

　　稳定性更新是一种批量变更的方法，适用于大数据量的变更。通常，稳定性更新是根据更新周期原则，综合考虑各地市、各部门的需求，结合本单位的实际情况，确定更新区域、周期及顺序。

5. 多维数据的存储与发布

（1）多维数据的存储（本书只针对成果数据的永久性存储进行描述）

1）统计表

统计明细表为 Excel 表格，它是对整个项目中制作数据的统计。统计表中第一个工作表为数据总汇，另一个是明细表。

2）资料

资料中包含生产过程中涉及的主要资料，如规范、作业流程、坐标说明等。

3）地形

主要包括地形原始数据、发布数据、修正后数据、修正矢量数据和地形修正说明。

4）影像

主要包括原始影像及坐标数据、发布数据和影像说明。

影像说明需记录影像的分辨率、原始影像坐标系、投影及带度、发布级别、发布时接的上层数据等信息。

5）外业数据

外业数据分为以下几类：

①车载过程数据：四镜头立体相机数据、全景相机数据。

②车载成果数据：四镜头立体相机数据、全景相机成果数据。

③人工成果数据：人工单反相机数据、人工 Z 系统相机数据、人工定点全景相机数据。

6）内业数据

内业数据主要包括以下内容：

① 二维基础线：即道路标记线。

② 二维属性库：根据项目要求在外业数据中采集出的属性库。

③ 模型：模型部分 max 原始模型、发布模型、搜索模型。

④ 树：树种库、原件树、发布树、树文件说明。

7）公用库

公用库有以下类别：

①材质库：项目公用贴图，格式有 jpg、tga。

②模型库：项目中制作过的模型，如健身器材、公共设施及其他小品等。

③树种库：种树时使用的树种，文件格式包括 max、usx、png、tge、tree、mli。

（2）多维数据安全控制

由于道路多维数据的生产制作、后期更新，都涉及各类数据的修改、删除等操作，而且是分布在不同地点的用户对同一个数据库进行更新管理，因此数据的安全性非常重要。

根据用户对不同数据的更新维护情况，按照最小权限原则设计用户权限。部门内部设管理员和其他人员，管理员可对数据进行修改、添加、删除等操作；其他人员则只能对数据进行允许范围内的采集和查看。

（3）多维数据的发布

多维数据利用数据编译软件或者工具，通过一定的算法和规则转换成三维浏览数据，在系统平台中可视化。

3.4.3　道路多维基础平台建设

北京市多维路政信息管理与服务平台简称"多维平台"。多维平台建设被列入交通委"十二五"信息化重点建设项目。旨在通过该平台建设，解决未来全市公路桥梁养护多元化信息资源的整合问题，提高业务处理效率，初步形成交通服务行业统一的数据平台，对首都交通及公路养护等多元化现代信息化建设有指导性意义，其中多维基础平台建设是多维平台建设的主要内容之一。

多维基础平台在充分考虑平台造价及行业中用户对数据及空间范围的需求基础上，参考行业用户对数据体量的需求，将多维平台划分为城市级（500km 及以上）、区县级（250～500km）、乡镇级（50～250km）三个层级；按照服务对象，将多维平台分为局域网（政务网、专网、内网）平台和互联网平台，以满足不同用户的应用需求。

（1）根据不同级别多维基础平台对数据库信息系统功能和性能方面的要求，择优选择。数据库选型时，必须考虑的因素如下：

1）开发要求；

2）性能/成本；

3）数据库运行和管理；

4）可升级性；

5）总体拥有成本。

考虑到工作实际需要和经费的预算情况，初步选定 Oracle 作为城市级（即海量级大平台）数据库系统管理平台、SQL Server 作为区县级（即 TB 级中等平台）数据量存储及管理数据库系统平台、MySQL/SQLite 作为乡镇级（即小平台）数据库系统管理平台。

（2）多维基础平台作为道路行业应用基础，主要目的是提供道路多维数据成果展示和标准化应用开发接口，为各业务系统建设提供标准的数据服务和开发接口支撑。

结合自身的需求出发，初步选定 Stamp 作为城市级（500km 及以上）基础服务平台；选定 NewMap 作为区县级（200～500km）和乡镇级（50～200km）基础服务平台，当然 Stamp 亦可用来构建区县级平台；同时，根据平台自身的优势，初步选择 NewMap 平台作为互联网数据发布平台。

3.4.4　道路养护巡查系统建设

1. 巡查业务概述

道路养护是对原有技术标准过低的路线和建筑物及沿线设施进行分期施工修复和设施添加，从而逐步提高道路的使用性能和对公众的服务水平，用以不断满足社会民众对道路的要求。众所周知，道路的现场工作条件非常恶劣，不但需要反复承受车辆荷载，而且还需要受到气候影响。而其中，道路的养护修复是属于复杂、辛苦而简单枯燥的工作，极容易被忽视。与此同时，随着社会的不断发展，对道路提供的服务要求也逐渐提高。为保障道路能够保持良好的服务状态及进行经济的有效运营，就要求对道路进行经常性的养护修复工作，防止道路的老化和资源损耗即成为一项重要的工作。

道路养护工程通常分为养护和大修两类：一般养护是属于经常性和预防性的道路作业工作；大修则是属于改善性和加强性的道路作业工作。其中，一般养护工程通常包括了路面、路肩、路边、人行道、桥梁和交通服务设施等的道路养护工作，以及排水、冰雪的控制等，如图 3.4-2 所示。

　　为了确保道路，特别是高等级道路现实良好，快捷和安全的运输，充分发挥其经济效益和社会效益，加快养护进度，提高养护质量，降低养护成本，减轻劳动强度，结合我国道路现状来看，加强道路的日常养护巡查工作非常重要，如图 3.4-3 所示。

图 3.4-2　道路养护现场巡查

图 3.4-3　车辆上路巡查

　　其中道路养护巡查工作的主要内容为：

　　（1）路产管理：包括公路路树存在的危险（枯树、险树）、养护。

　　（2）养护作业单位巡查人员在进行巡查过程中发现问题，应立即将发现的问题传送到养护指挥中心。指挥中心将发现的问题进行整理归纳，向问题所在区县的路政分局相关部门进行通报。

　　（3）巡查中发现养护问题，巡查人员应及时通知所属各专养段段长。巡查中发现公路突发性损害，危险挡土墙段坍塌，桥梁断裂等现象时，可立即断路，并立即通知养护指挥中心，段长，经营管理部门及业主，设立安全示警标志，昼夜派专人看守，疏导交通。

　　（4）巡查时发现桥面及伸缩缝破损严重时，及时通知所属各专养段段长，采取垫钢板或其他临时措施处理，保证桥梁正常使用及安全。

　　（5）巡查中对桥梁病害程度进一步加大且可能造成事故的，可立即断路并立即上报指挥中心，处经营管理部及主业。

　　养护作业单位巡查过程中发现路政问题后，应由巡查人员按报告程序进行报告，由路政人员按照法律程序进行处理。巡查记录的内容：巡查人员填写巡查记录和资料整理时，巡查记录应全面，所有路上发生的问题包括路面、路肩、路树、边涵、桥栏杆、百米桩等沿线设施，不得漏记，要实事求是，写清事件发生的时间、地点（路线名称及桩号），保证上报资料的准确与及时。道路巡查养护的流程如图 3.4-4 所示。

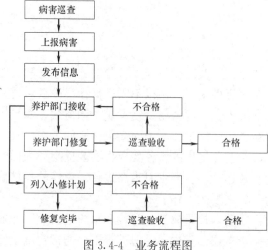

图 3.4-4　业务流程图

城市道路是市政和交通基础设施的重要组成部分，是城市运行、交通运输和经济社会发展的重要载体平台。城市道路巡查养护业务是保持设施完好、道路安全，保证城市功能的充分发挥，也是保障市民生活环境条件的基础性工作。然而，在城市道路养护工作方面尚存在病害上报不及时、处置响应速度慢、管理决策困难等诸多问题。其中准确、快速定位现场路况，并实时获取相关道路信息及病害，是道路养护和路政巡查需要解决的重要问题。但长期以来，我国道路养护巡查信息程度仍处于较低水平，管理手段较为落后，主要表现在：养护巡查模式落后以及"重建轻养"思想观念所限制，致使巡查养护业务缺乏有效且先进的技术手段，从而无法对路政信息进行实时处理及管理；与此同时，道路养护巡查体系尚不健全，导致城市道路在很大程度上处于被动养护状态，相关养护单位则处于整日忙于应对现有道路及桥涵的各种病害状况，缺乏运营过程中的路况调查、病害预测以及适时的养护决策和养护规划等状态；同时，考核缺乏量化性指标，对养护责任事的故追究不力、监管不严、难以处罚管理等问题。

2. 巡查系统功能介绍

（1）系统功能设计

根据道路养护业务的实际需求，城市道路养护管理系统的详细功能设计旨在实现道路养护业务流程的精细化、便捷化和可视化于一体的综合管理模式。城市道路养护管理系统在详细功能设计的基础上通过对配置环境的分析可有效实现该系统的应用性和稳定性。其中，道路养护巡查系统主要需要实现多维基础信息管理、路网综合管理、巡视管理、数据分析、GPS 查询、多媒体管理、专题图管理、后台管理及定制业务模块开发等功能。

1）多维基础信息管理

多维基础信息管理需要提供三维电子地图浏览、电子地图图层控制、电子地图搜索查询、三维空间分析等功能，实现业务工作的可视化要求，将未来的道路养护巡查管理提升到了三维管理阶段。

2）路网综合管理

需要对所有道路以及公路上的附属设施进行统一管理、查询，包括：道路信息及桥梁信息管理、隧道信息管理、涵洞信息管理和路产信息管理等模块。

3）巡视管理

巡视管理需要对巡视得到的数据进行汇总和查询，包括：病害管理、巡视路线查询、巡视数据下载等。

4）数据分析

需要对巡视得到的数据进行分类汇总和统计分析，包括：病害记录统计、病害发生率统计、修复率统计、完工统计等。

5）GPS 查询

可针对养护巡查车辆及巡查电动车辆进行统一的数据管理，方便领导统一查询和管理，主要功能包括查看车辆详细情况、实时位置、历史轨迹回放等功能。

6）后台管理

后台管理主要需要实现系统权限、参数的统一设置。主要功能有：用户管理、单位管理、角色管理等。

（2）系统功能页面

城市道路养护管理系统是基于 B/S 架构开发，系统主要包括了病害巡查上报、病害数据处理、病害施工闭合、地图调用、病害数据统计分析及后台账号权限管理等功能模块。

1）病害处理及数据管理

图 3.4-5　巡查上报

① 业务需求

病害处理及数据管理模块是道路养护巡查系统的主要业务模块，旨在针对道路养护业务处理流程采用信息化的手段，以提高从巡查上报到施工养护的整体流程管理。

② 模块功能

a. 病害巡查上报

道路养护巡查系统结合移动互联网技术，采用前端手机 APP 养路通上报模式。即巡查人员可通过手机 APP 软件直接将现场病害的属性信息、位置信息及照片上传至道路养护巡查系统，结合下拉式控件构成，并在上报界面上设计手机拍照调用接口；同时，软件中连接了手机的定位模块，可以实现上报信息的自动坐标写入功能，如图 3.4-5 所示。

b. 病害数据处理

巡查人员通过手机 APP 软件上报的病害数据会存储到道路养护巡查系统数据库中，内业处理人员可在系统中根据上报的病害情况进行数据审核、分发等操作。道路养护巡查系统结合道路养护业务的处理流程，在系统中为用户梳理了数据处理流程，系统中的数据流程操作，采用了数据标识及入库读取的方法，即每个节点都会给病害数据进行新的字段标识，到下一节点可以直接查询所对应的节点标识的数据信息，如图 3.4-6 所示。

图 3.4-6　病害数据处理

内业数据处理人员可在该系统中对前端上报的病害进行信息、位置及照片的查询，对病害所在的类型、紧急情况、所属单位等进行相应的筛分处理，从而对病害进行分发。

c. 病害施工闭合

通过道路养护巡查系统，各个病害所属的施工单位可在系统上查看巡查人员上报、内业处理通过的病害信息，从而形成了待修复病害的治理计划。各施工单位可到系统中接收各个病害信息，进行病害的修复实施工作。对于修复完好的病害，施工人员可通过手机 APP 养路通上报现场施工情况，包括现场施工完成情况描述、照片等信息。从而针对巡查人员上报的病害事件，形成闭合，该功能模块的设计也是采用了下拉控件的方式及手机相机接口调用的方法实现，如图 3.4-7 所示。

在施工单位上报内容中，主要包括针对病害的修复情况说明、修复量及近远景照片。

图 3.4-7 病害施工闭合

2）地图调用及巡查车辆轨迹记录

① 地图调用

道路养护巡查系统可根据病害坐标，在地图上显示病害位置，为施工人员提供直观的位置描述。

② 巡查车辆轨迹记录

结合巡查车辆，实现 GPS 轨迹的接入及记录，为车辆巡查管理提供直观的管理模式。

3）功能模块实现

① 地图调用功能

通过道路养护巡查系统，用户可根据事件的位置坐标直接在地图上显示相对位置，从而为用户提供直观的信息描述，该系统的设计结合了二维 GIS 开发，写入的病害坐标数据，可以通过二维 GIS 地图进行位置展示，如图 3.4-8 所示。

不仅如此，该系统在二维地图调用的基础上开发了三维 GIS 地图调用接口，三维 GIS

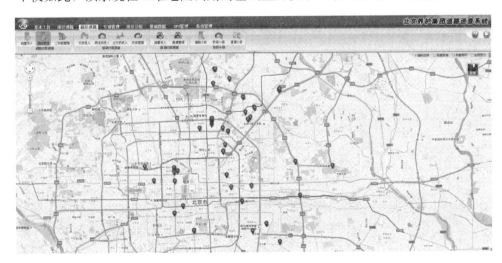

图 3.4-8 地图调用

地图的接入，为系统提供了更加直观、真实的描述方式。如，巡查人员上报的病害事件，用户可在三维场景中定位该事件，在三维空间中可更加精确地掌握事件位置。在施工阶段，施工人员可通过三维场景查看病害事件位置的地下管线空间状况，从而为施工方案的制定提供了可视化的决策依据，如图3.4-9所示。

图3.4-9 地图调用

② 巡查车辆轨迹记录

道路养护巡查系统的开发，充分结合了物联网接入技术，通过无线传输的方式，实现从车辆GPS定位装置到坐标信息入库的全部过程。该系统实时查看当前巡查车辆的位置信息及历史轨迹记录，该功能模块的实现，是通过开发GPS接口，可以对前端的巡查车辆每5s记录一次坐标数据，从而形成巡查车辆的GPS轨迹线，如图3.4-10所示。

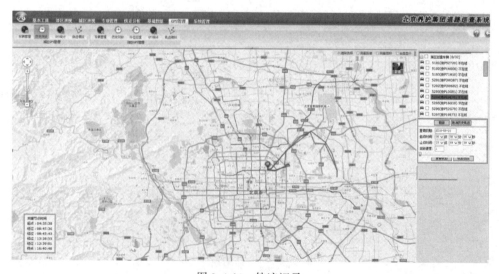

图3.4-10 轨迹记录

同时，在车辆轨迹记录模块中，还为用户提供了车辆管理模块，即可针对车辆的信息变更进行统一化的管理，从而为用户所在公司的巡视设备资产管理提供了标准化的管理模块，如图 3.4-11 所示。

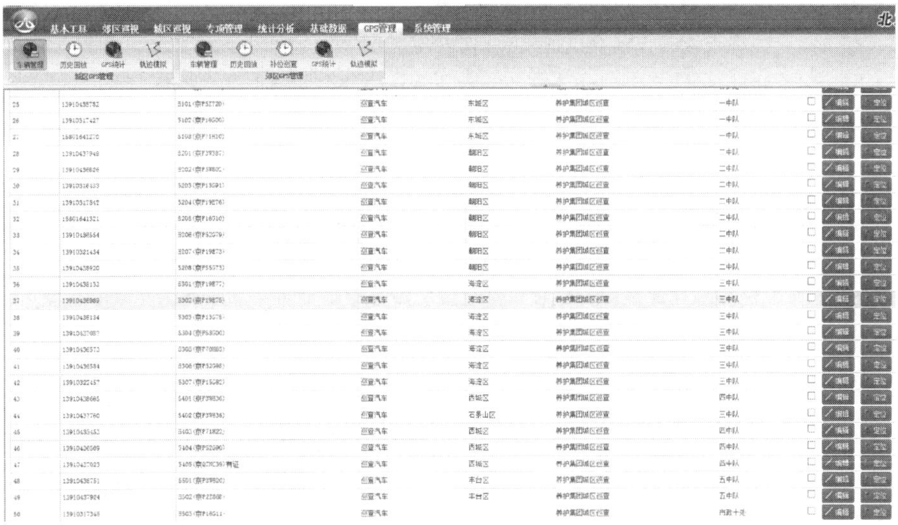

图 3.4-11　车辆管理

4）手机端 APP 功能模块实现

道路养护巡查系统的开发，充分采用移动互联网技术，实现了从手机端到电脑端的数据共享模式。手机 APP 养路通作为道路养护巡查系统的数据采集前端，主要用户为道路养护巡查人员及施工人员。巡查人员可通过手机前端直接对道路病害事件进行现场情况描述、照片拍摄及地图定位等；施工人员可通过手机前端对修复完好的病害进行修复情况描述、照片拍摄等。

① 事件信息描述功能的实现

事件信息（包括病害发现及修复上报）的描述涵盖了道路名称、道路位置、病害位置、病害类型、病害量化及照片等，通过该字段内容的填写，前端用户可将现场信息通过移动互联网直接上传到道路养护巡查系统数据库，结合下拉式控件构成，并在上报界面上设计手机拍照调用接口，同时，软件中连接了手机的定位模块，可以实现上报信息的自动坐标写入功能，如图 3.4-15 所示。

② 事件定位及查询

用户可通过手机 APP 养路通调取现有病害信息进行信息查询和定位，根据定位情况（包括病害定位、用户定位）可较为方便快捷地找到事件位置进行及时处理，系统设计了对接手机定位模块的调用接口，通过手机定位模块，系统自动读取位置坐标，从而形成手机软件的自动定位功能，如图 3.4-12 所示。

③ 事件处理情况跟踪

手机 APP 养路通的设计充分考虑管理者扁平化管理需求，用户可在手机端直接查看某条特定病害事件的处理进展情况，包括所处阶段、处理时间、处理人员等。道路养护巡查系统手机软件结合道路养护业务的处理流程，在系统中为用户梳理了数据处理流程，系统中的数据流程操作，采用了数据标识及入库读取的方法，即每个节点都会给病害数据进行新的字段标识，到下一节点可以直接查询所对应的节点标识的数据信息，如图 3.4-13 所示。

图 3.4-12　事件查询

图 3.4-13　事件跟踪

（3）系统功能

养护巡查系统由巡查车、PDA 采集终端、路拍宝和养护巡查管理系统等部分组成，如图 3.4-14 所示。

图 3.4-14　养护巡查系统

（4）道路养护巡查系统 PC 版功能

功能特点：采用 B/S 架构模式，支持网页登陆访问；与手机版保持数据互通，支持移动式访问办公；融合道路三维数据，支持三维场景浏览。

1）实现针对道路病害的流程管理（图 3.4-15），并针对 2.0 版原有流程存在的缺陷进行了重新调研和优化（图 3.4-16）。

图 3.4-15　针对道路病害的流程管理

图 3.4-16　调研和优化界面

2）实现针对道路病害的统计分析，3.0 版增加了针对道路病害修复面积、紧急 24h、巡养一体及易发路段的统计分析，如图 3.4-17 所示。

3）可查询巡查车辆的 GPS 轨迹和动态回放，3.0 版针对大数据量做了优化，播放速度提高，对底图进行了优化设计。

4）实现针对病害的地图定位，如图 3.4-18 所示。

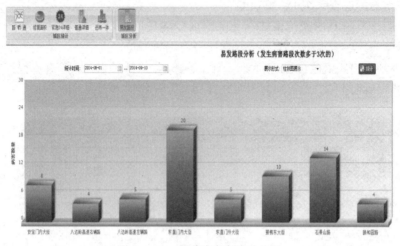

图 3.4-17　对道路病害统计分析

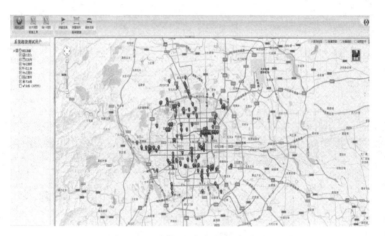

图 3.4-18　针对病害的地图定位

5）针对多类型设施信息的管理及定位功能，如图 3.4-19 所示。

图 3.4-19　多类型设施信息的管理及定位功能

6）可实现与多维平台数据对接，丰富底图来源，调取病害信息及三维场景模型，如图 3.4-20 所示。

图 3.4-20　病害信息及三维场景模型

（5）道路养护巡查 APP 功能

1）基于手机巡查软件 APP 和路拍宝的开发，实现了专业病害采集和民众舆情互动，如图 3.4-21 所示。

图 3.4-21　专业病害采集和民众舆情互动

2）基于道路巡查 APP，可实现针对道路病害的采集上报。实现巡查 APP 与养护系统 PC 终端的数据互通，支持手机应用商店的下载安装及更新（支持应用商店下载，如 360 手机助手），形成多用户的使用权限区分。

3）专业动态巡检，如图 3.4-22 所示。

病害采集　　　　　　病害筛查　　　　　　导航定位

图 3.4-22　专业动态巡检

4）巡查 APP 亮点特色

① 自动定位匹配路名，方便录入；通过十字定位弥补 GPS 定位缺失；增加个人账号设置，实现数据来源精确到个人；按账号进行道路划分，便于操作，如图 3.4-23 所示。

② 按多条件查询病害数据，便于数据管理及调取，如图 3.4-24 所示。

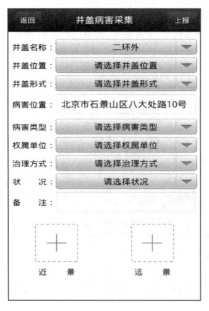

图 3.4-23　人性化设置

图 3.4-24　按多条件查询病害数据

③ 可对病害进行地图定位，并对设施（道路、桥梁、天桥、通道）进行颜色区分，如图 3.4-25 所示。

3. 针对道路养护的大数据分析

结合道路养护巡查系统，可以将历年积累的道路数据病害进行汇总分析，为道路管理者提供了多角度的数据统计，如按易发路段、病害修复面积、病害修复类型等数据统计，从而为病害的整体治理及决策提供了详细的数据支撑。

（1）按路桥通统计

按道路、桥梁、通道、紧急 24h、非紧急 24h 的病害修复数量及面积的统计，可按季度或年度进行综合统计分析。

（2）按修复面积统计

以道路划分，按照每条道路情况统计各管养路段发生病害事件的修复面积统计，其中包括了针对不同的病害类型及修复量等内容。

（3）按紧急 24h 统计

结合道路养护巡查系统，实现了病害的 24h 处理机制，在该统计模块中，可以按照道路、病害位置，病害类型，病害量化、所属单位等进行整体统计，如按季度或年度对此段时间内处理的紧急 24h 病害事件的统计，如图 3.4-26 所示。

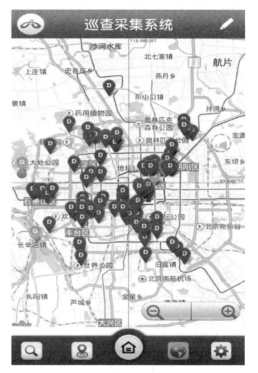

图 3.4-25　对病害进行地图定位

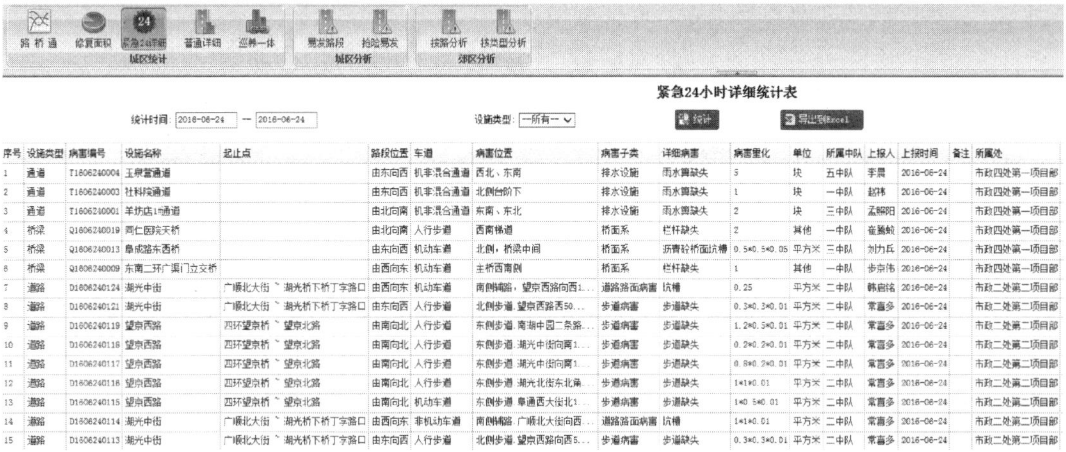

路桥通　修复面积　紧急24h详细　普通详细　巡养一体　易发路段　抢险易发　按路分析　按类型分析
城区统计　城区分析　郊区分析

紧急24小时详细统计表

统计时间: 2016-06-24 -- 2016-06-24　设施类型: --所有--　统计　导出到Excel

序号	设施类型	病害编号	设施名称	起止点	路段位置	车道	病害位置	病害子类	详细病害	病害量化	单位	所属中队	上报人	上报时间	备注	所属处
1	通道	T1606240004	玉泉营通道		由东向西	机非混合通道	西北、东南	排水设施	雨水篦缺失	5	块	五中队	李晨	2016-06-24		市政四处第一项目部
2	通道	T1606240003	社科院通道		由东向西	机非混合通道	北侧台阶下	排水设施	雨水篦缺失	1	块	一中队	赵祎	2016-06-24		市政四处第一项目部
3	通道	T1606240001	羊坊店1#通道		由北向南	机非混合通道	东南、东北	排水设施	雨水篦缺失	2	块	三中队	孟晖阳	2016-06-24		市政四处第一项目部
4	桥梁	Q1606240019	同仁医院天桥		由北向南	人行步道	西南梯道	桥面系	栏杆缺失	2	其他	一中队	崔腾蛟	2016-06-24		市政四处第一项目部
5	桥梁	Q1606240013	阜成路东西桥		由东向西	机动车道	北侧，桥梁中间	桥面系	沥青砼桥面坑槽	0.5*0.5*0.05	平方米	三中队	刘力兵	2016-06-24		市政四处第一项目部
6	桥梁	Q1606240009	东南二环广渠门立交桥		由西向东	机动车道	主桥西南侧	桥面系	栏杆缺失	1	其他	一中队	步京伟	2016-06-24		市政四处第一项目部
7	道路	D1606240124	湖光中街	广顺北大街 ~ 湖光桥下桥丁字路口	由西向东	机动车道	南侧辅路，望京西路向西1...	道路路面病害	坑槽	0.25	平方米	二中队	韩启铭	2016-06-24		市政二处第二项目部
8	道路	D1606240121	湖光中街	广顺北大街 ~ 湖光桥下桥丁字路口	由东向西	人行步道	北侧步道.望京西路西50...	步道病害	步道缺失	0.3*0.3*0.01	平方米	二中队	常喜多	2016-06-24		市政二处第二项目部
9	道路	D1606240119	望京西路	四环望京桥 ~ 望京北路	由南向北	人行步道	东侧步道.南湖中园二条路...	步道病害	步道缺失	1.2*0.5*0.01	平方米	二中队	常喜多	2016-06-24		市政二处第二项目部
10	道路	D1606240118	望京西路	四环望京桥 ~ 望京北路	由南向北	人行步道	东侧步道.湖光中街向南1...	步道病害	步道缺失	0.2*0.2*0.01	平方米	二中队	常喜多	2016-06-24		市政二处第二项目部
11	道路	D1606240117	望京西路	四环望京桥 ~ 望京北路	由南向北	人行步道	东侧步道.湖光中街向南1...	步道病害	步道缺失	0.8*0.2*0.01	平方米	二中队	常喜多	2016-06-24		市政二处第二项目部
12	道路	D1606240116	望京西路	四环望京桥 ~ 望京北路	由南向北	人行步道	东侧步道.湖光北街东北角...	步道病害	步道缺失	1*1*0.01	平方米	二中队	常喜多	2016-06-24		市政二处第二项目部
13	道路	D1606240115	望京西路	四环望京桥 ~ 望京北路	由南向北	机动车道	东侧步道.阜通西大街北1...	步道病害	步道缺失	1*0.5*0.01	平方米	二中队	常喜多	2016-06-24		市政二处第二项目部
14	道路	D1606240114	湖光中街	广顺北大街 ~ 湖光桥下桥丁字路口	由西向东	非机动车道	南侧辅路.广顺北大街向西...	道路路面病害	坑槽	1*1*0.01	平方米	二中队	常喜多	2016-06-24		市政二处第二项目部
15	道路	D1606240113	湖光中街	广顺北大街 ~ 湖光桥下桥丁字路口	由东向西	人行步道	北侧步道.望京西路向西5...	步道病害	步道缺失	0.3*0.3*0.01	平方米	二中队	常喜多	2016-06-24		市政二处第二项目部

图 3.4-26　按事件等级统计

（4）按易发路段统计

针对道路管养的实际情况，通过道路养护巡查系统，用户可以按季度或年度统计每条管养道路上发生病害的数量，从而为道路管养的计划制定提供依据，如图 3.4-27 所示。

这些统计分析结果将为道路养护的人力、物力及设备的分配提供直观、准确的数学依据，为道路管理者针对来年道路养护工作的资金分配提供可靠的参考，从而在一定程度上提高了道路养护经费的使用效率和效果。

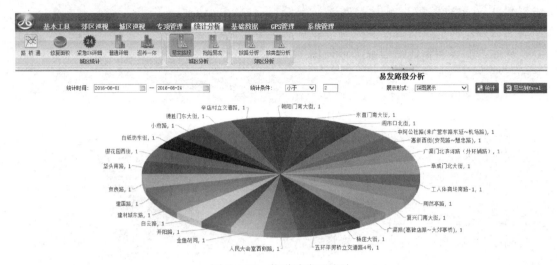

图 3.4-27　按道路类型统计

3.4.5　城市道路检查井盖一体化管理系统

1. 城市道路检查井概况

目前城市道路上存在有雨水、污水、自来水、电信、电力、热力、天然气、广电等专业检查井 22 种类型。道路路面检查井问题主要集中在以下几个方面：

（1）采集方案存在精度不高、工作量过大、人员安全存在隐患；

（2）缺少一套严谨的井盖病害标准规范；

（3）软件系统功能单一，缺少数据动态更新及各环节管理的功能模块；

（4）检查井治理协调工作困难。

随着北京市城市基础设施建设事业的持续高速发展，城市的井盖数量越来越多。随之而来的是井盖管理的难度越来越大。传统的管理方法模式已经无法处理当前的问题，迫切需要寻求管理体制的转型。通过建立政府准入制度及企业责任制度对井盖维修进行统一管理，避免权责单位不负责的现象。同时由管理部门统一设计维修线路，保证维修线路的成本最小化，社会经济效益的最大化，以达到整体井盖修复完成比提升，提高政府满意度的目的。将井盖大数据管理模式化，横向可以运用于全国井盖数据治理，纵向为其他基础设施服务业提供参考。

2. 城市道路检查井数据采集

（1）自动化采集方式（采集车）

机动车道检查井及雨水口的调查采用 SSW 车载激光数据采集车，采集车的设计理念是测量型的移动采集系统，软件由 10 项软件组成，分别是组合导航数据预处理软件、影像预处理软件、彩色点云生产软件、影像匀光匀色处理软件、一级模型提取软件 TQ、二级模型提取软件 TQTQ、二级模型的提取平差软件 PC、接边软件 JB、组合导航软件 IE、点云工作站软件 SWDY。

（2）人工采集

　　人工采集主要解决采集车不能进行采集的区域，即人行道和隔离带区域的采集工作。在人行道、隔离带及少数非机动车道采用便携式采集终端对道路井盖数据进行采集。

　　人工采集设备主要有定位模块、手机 APP 软件、连接支架三部分组成，人工使用掌上设备调查检查井的相关信息。人工采集设备用于调查机动车不能到达的位置，与机动采集车形成互补。魔方移动终端数据采集测量设备技术特点：快速定位，定位精度达到 1m 以内；操作简单和多种电子设备实现对接。通过定位模块进行精准的定位，利用钢尺现场量取井圈下沉、井盖高差，利用手机 APP 连接定位模块提取定位信息数据，将位置信息和数据信息上报到系统平台。

　　3. 城市道路检查井治理管理系统

　　（1）检查井治理综合管理系统平台建设

　　检查井病害数据管理系统（涵盖手机调查软件）是为了解决市属道路井盖破损状况的快速发现上报而开发的一套基于移动互联网的数据获取和数据管理系统，它由手机版采集 APP（安卓系统）和数据管理后台管理系统组成。该系统在很大程度上提高了道路检查井病害治理的效率和管理水平。

　　系统由 PC 端管理系统和三个手机 APP（安卓系统）组成，包括：检查井病害数据管理系统、数据调查 APP 系统、权属单位核实 APP 系统、施工管理 APP 系统。

　　（2）道路井盖位置分布及病害分析

　　通过道路井盖位置的分布情况与井盖病害数据描述性分析，用大数据地图展示，对所有道路的井盖正常和病害的分布情况进行标记处理；对不同功能的井盖病害情况分别进行标记处理；对不同病害井盖所属道路情况分别进行标记处理。

　　4. 基于物联网的检查井盖智能监测设备

　　（1）基于物联网的井盖监测

　　井盖监测方法可以分为惯性传感器、防盗井盖、红外传感器、机械开关、人工巡查等方式进行。

　　（2）监测点方案选择

　　本次抽样采用模拟退火法（Simulated Annealing，SA）方法、WM 准则（Warrick-Myers-criterion）及专家选择相结合方式。

　　（3）解决城市井盖智能监测的关键问题

　　1）智能井盖检测硬件设施

　　可通过无线通信将井盖实时数据发送到监控中心，通过低功耗、多传感器融合技术实现井盖开启、丢失、下沉状态、井内温湿度、有毒气体等综合监控。

　　2）井盖大数据分析平台

　　通过井盖数据的多维度分析，实现井盖管理和维护的智能化，同时结合车流量、车速、拥堵情况以及不同车型等数据的综合分析，实现路网重载车辆分布、路面质量的预测。

　　3）井盖管理可视化技术

　　通过三维建模将地上、路面和地下数据通过井盖进行衔接，实现数据的可视化管理。

3.5 城市道路占掘路及穿跨越监管

3.5.1 城市道路占掘路

依据《北京市城市道路管理办法》《城市道路挖掘管理办法》《北京市城市道路挖掘回填技术规程》等法律法规和北京市路政局的掘路相关协议文件及管理要求，为保证城市道路设施使用功能，做好掘路工程的监管工作和路面修复工作，确保掘路修复质量和及时性，按时按质完成城区道路挖掘管理及修复工作。

1. 工作职责

（1）道路主管单位（简称养护部）

1）负责接受道路管理部门道路修复委托并签订合同。

2）负责考核各养护处掘路管理相关工作。

3）掘路资金管理。

（2）道路联系单位

1）负责接收道路管理部门相关掘路配合信息、及时传递信息至各养护处。

2）参加道路管理部门组织的有关掘路工作会。

3）负责组织并参与掘路现场勘察工作、参加施工协调会和施工对接会，与掘路单位签订监管协议。

4）负责接收许可书、核准证书和变更通知单等文件，并第一时间转交至各养护处，建立掘路修复工程台账，每日更新。

5）掘路单位进场的同时，以书面形式通知养护处。做好掘路施工质量的监管工作（包括：开槽宽度、深度、回填质量等是否符合管理规定及掘路施工方案，施工位置是否严格按照核准位置实施），发现掘路单位有违规行为，立即要求其整改，并向其发放书面整改告知书，同时上报城养中心相关部门。

6）负责监管掘路单位挖掘道路面积数量、掘路施工时间等，发现有超期、超量、回填不合格等问题，立即制止其施工，并上报城养中心相关部门，督促掘路单位整改后，方可继续施工。

7）参加掘路交接面验收工作，待验收合格，签署交接面验收单。

8）检查监督各养护处掘路修复质量、工程进度、修复及时性等，发现的问题及时通知养护处整改；根据掘路开展情况，定期对养护处掘路修复工作进行抽检，并将抽检情况，以书面形式报集团养护部。

9）掘路修复质保期内做好回访工作，发现问题及时通知养护处进行修复。

10）完成上级交办的有关掘路任务。

（3）基层养护单位（简称养护处）

1）养护处配备专职掘路管理人员及掘路修复专业队伍。

2）参加现场勘察工作，在勘察过程中要认真核查施工图纸及现场情况，并提出意见。

3）参加道路管理部门组织的有关掘路方案会，编制掘路修复方案并上报书面资料。

4）负责在接到道路联系单位转发的《掘路施工许可通知书》后 3 日内与掘路施工单

位联系，组织掘路单位、道路联系单位召开对接会，落实配合方式、制定修复计划和施工方案，并编制会议纪要按要求上报。

5）接到施工单位提出的交接面验收申请，通知道路联系单位及监理单位参加交接面验收，一旦签字确认接收，立即开展修复工作，跟踪修复，保证修复及时性。

6）严格按照修复方案实施，确保掘路修复质量及环保、安全、文明施工等各项要求，并做好修复施工作业和其他相关工作的记录。

7）积极配合、接受监理公司的监理及道路联系单位的监督检查。掘路修复工程竣工后，在规定的工作日内完成编制竣工及结算资料并上报。

8）掘路质保期两年内无偿修复病害问题。

9）完成上级交办的有关掘路任务。

2．工作内容

（1）工作流程

1）道路联系单位接到道路管理部门相关掘路、占道信息后，通知并组织养护处参加现场勘察并填写核查单。

2）道路联系单位在收到《掘路施工许可通知书》后立即转发养护处，并于3个工作日内负责与掘路单位签订掘路修复监管协议等。

3）养护处在接到道路联系单位转发的《掘路施工许可通知书》后，于3日内组织掘路单位、道路联系单位召开对接会，初步确定掘路修复计划及修复方案，养护处负责编制对接会会议纪要并报监理部门备案。道路联系单位建立掘路工程台账，做到每日更新并与修复单位共享。

4）养护处在接到道路联系单位书面开工通知后，立即与掘路单位联系，进入掘路配合修复的过程管理，并通知监理单位进入监理程序。

5）道路联系单位对掘路施工开展全过程监督管理，严格按操作规程和施工方案监督掘路单位回填质量，一旦发现违规现象，立即要求其整改，并向其发放书面整改告知书，同时上报城养中心有关部门。

6）养护处接到掘路单位的交接面验收申请，立即通知道路联系单位及监理单位，共同参加交接面验收，符合交接面验收条件的，道路联系单位和养护处共同签字确认，一旦签认，养护处立即开展修复工作，并在许可时限内完成路面修复工作；不符合交接面验收条件的，道路联系单位须监督掘路单位采取必要的防护措施，保证路面的安全通行，并督促掘路单位整改至符合交接面验收要求。交接面验收单中"修复单位"栏须道路联系单位与养护处双签，且道路联系单位在前，各自留存。

7）道路联系单位对养护处的修复工程进行跟踪检查和监管，并对修复工程定期组织抽检，对养护处修复中存在的问题提出整改要求，并下发整改通知书；抽检记录以书面形式报集团养护部。

8）养护处掘路修复完成后10个工作日内向城养中心上报竣工资料和工程结算。

9）在道路管理部门组织验收前，养护处与监理单位进行初验，做好验收前准备；验收不合格，养护处应重新进行路面修复，直至合格为止。路面修复质量保证期两年。道路联系单位与养护处共同参加道路管理部门组织的竣工验收工作。

（2）现场要求

养护处须按照有关技术规范进行道路修复施工，施工现场做到安全拦护到位、环保文明施工。按照许可范围，按期完成修复工作。

（3）变更手续

道路联系单位在掘路单位施工时如发现方案变更、超面积、超范围，以及需变更施工时间等问题，应责成掘路申请人提前3个工作日到交通路政部门办理相关手续。

（4）过程监督、监理

道路联系单位进行掘路工程的监督管理工作；养护处按照规范及掘路修复方案完成道路修复工作，按照监理要求的程序进行工程量的计量验收及竣工结算等工作。

（5）私占私掘

对未办理许可及变更手续并擅自施工的掘路工程，道路联系单位及养护处均应予以制止，并由道路联系单位上报道路管理部门。

3.5.2　城市道路穿越监管

地下工程穿越交通设施安全监管工作是指对在交通设施影响范围内修建地下结构物或埋设管线等采取地下施工作业工程而进行的相关安全监管工作行为。

依据《地下工程穿越交通设施安全监管暂行办法》《地下工程穿越市管城市道路安全监管工作程序》及相关养护协议，做好地下工程穿越交通设施安全监管工作，明确监管责任，规范监管行为，确保交通设施安全运行，提升交通路政行业形象。

1. 工作职责

（1）道路主管单位（简称养护部）

是地下工程穿越交通设施安全监管工作的主管部门，负责监督考核地下工程穿越交通设施安全监管工作情况。

（2）基层养护单位（简称养护处）

由道路管理部门主管养护部门或集团指定负责监管的基层养护单位是地下工程穿越交通设施安全监管工作的责任主体。

1）负责监管工作的组织实施和管理。

2）成立监管组织机构，确定监管工作人员和工作职责，做到责任到人。监管工作人员向集团养护部备案。

3）制定本单位监管实施细则，并向集团养护部备案。

4）负责监管人员的管理，对监管人员进行培训。

5）负责监管工作的自检自查。

2. 工作内容

地下工程穿越交通设施安全监管工作，是指对在交通设施影响范围内修建地下结构物或埋设管线等采取地下施工作业工程而进行的相关安全监管工作行为。

（1）调查、汇总各项地下穿越工程涉及交通设施情况，督促建设单位对地下工程穿越的交通设施进行前评估，编制监管方案及应急预案。

（2）对各项文件、报表进行接收、整理、审核、汇总、上报以及归档。

（3）与地下穿越工程建设单位签订安全监管协议。

（4）复核所管养设施的评定等级。

（5）审核交通设施加固及拆改移设计方案、施工组织方案和应急预案。

（6）负责监测单位的确认及监测方案的审定。

（7）与上级、建设、设计、施工、监理、评估、检测等单位建立联系，完成联系网的编制工作。

（8）负责专家评审会前期准备工作。

（9）组织在施工的地下穿越工程安全监管会，并定期对工程施工现场进行检查。

（10）负责对各项地下穿越工程进行现场调查，对穿越交通设施前未按照64号文件办理相关手续即开始施工的工程现场进行书面暂停施工通知，安排专职人员检查，对违规行为正式函告建设单位，同时报送业主或道路管理单位。

（11）负责参加"四项方案"评审工作，包括设计方案、施工方案、专项方案、安全质量方案、掌握"四项方案"的具体内容并提出具体建议。

（12）负责地下穿越工程开工后对"四项方案"落实情况的现场检查，对未落实"四项方案"的工程，督促其尽快落实"四项方案"。

（13）负责每日对第三方监测单位上报数据进行比对分析，对出现报警值的相关交通设施进行现场检查，现场进行书面通知，要求其查明造成控制值超标的原因，并采取措施控制沉降进一步加大。

（14）负责对启动应急预案后的实际效果进行分析，如改善效果不明显，与建设单位共同组织召开专项专家评审会，参考专家意见进行下阶段工作。

（15）负责地下穿越工程专项巡查工作，及时发现穿越工程对交通设施所造成的病害并及时上报，情况一经调查清楚即按照（13）、（14）条相关规定进行处理。

（16）建立各相关单位突发事件响应机制，能够做到对突发事件信息的及时掌握并采取有效措施保证交通设施安全运行。

（17）参加后评估工作，掌握后评估方案的具体内容并提出具体建议。

（18）落实业主或道路管理单位相关工作要求。

（19）地下穿越工程竣工后，相关监管资料整理、存档。

第4章

城市道路典型病害精细化养护作业方法

4.1　检查井井盖专项治理

　　城市道路的检查井大部分位于车行道下，由于交通流量的快速增长及载重汽车吨位加大，大量检查井周边路面出现沉降或破损情况，给机动车及行人带来了极大的安全隐患，并影响了道路整体美观及平整度，严重时会造成车辆损害、人员伤广等，且检查井病害会产生很多市政设施运行及使用过程中的问题：一是行车安全，二是噪声污染，三是管理问题，四是道路设施完好率及整体美观。若解决上述问题，应从设计、施工措施和后期养护方面解决检查井病害的原因，同时提出相应的预防和处理措施。

　　通过近些年对北京市城区道路及郊区公路的设计、施工进行跟踪、调查和分析，造成检查井病害的主要原因有如下几个方面：

　　1. 设计缺陷

　　目前，检查井一般由排水专业或其他管线专业进行设计，大部分设计人员往往与路面结构设计脱节，不论路面采用什么类型的结构，一律按标准图集去套用，导致检查井与井周路面结构刚度不一致，特别是沥青混凝土路面，它们之间会出现由刚到柔（或由柔到刚）的过渡段，经长时间不断的累积，井周边路面容易产生收缩裂缝或发生不均匀沉降。

　　2. 施工过程的原因

　　（1）井口高程控制有误差

　　检查井井口指的是检查井与周围路面的结合部位，由井圈座、井盖和周围路面共同组成，要求井口与周围路面齐平，以保证井口部位路面平整和行车的舒适安全。在道路面层施工前，一般要对检查井高程进行全面复核，检查井的顶面应与路面的纵坡、横坡保持一致，平稳顺接。若安放检查井时未精确控制顶面高程，井口与路面存在高差，在车辆的反复冲击、碾压下，逐渐产生破坏，从而导致检查井发生沉陷或井周路面下沉而使检查井突起路面现象。

　　（2）基础条件不良导致沉陷

　　检查井盖是直接安放在井体结构上，当检查井受到车辆荷载后，荷载通过井盖、井体结构传到土基。如果井体结构下层及周边的基础没有足够强度，土基就会被压缩，从而使井体结构和井盖整体下沉，导致周围路面出现局部的开裂和差异沉降。

（3）砖砌检查井强度较低

砌筑用砖强度低，耐久性差，容易被腐蚀而造成黏土砖酥烂，导致检查井结构变形及下沉，引起井口路面凹陷。因城市道路车流量大，特别是近几年汽车数量急剧增长，以及车辆吨位不断加大、车辆超载等问题，以往的砖砌检查井井筒已无法承受不断增加的负荷，尤其是在公交车道和大型货运车辆通行的道路上，此种现象尤为严重。

（4）检查井周围的回填土沉陷

由于部分工程工期紧张，在道路铺装前，各专业管线施工往往对检查井周围回填不够重视，同时监管不到位，造成检查井周边回填不密实，未采用特殊材料对检查井周边进行针对性加固。同时，刚性井盖与柔性路面的受力有差别，长时间经受汽车碾压，造成井周的路面发生开裂、剥落，导致检查井及周边发生沉降。

4.1.1　检查井治理综合管理

检查井治理综合管理系统是针对道路检查井基本情况及病害状况的发现上报、病害治理计划的制定、权属单位的核实以及病害修复的上报管理而开发的一套基于云平台、移动互联网的数据获取系统，由云平台后台管理系统和三个手机 APP（安卓系统）组成，包括：检查井病害数据管理系统、数据调查 APP 系统、权属单位核实 APP 系统、施工管理 APP 系统。

（1）功能模块

1）系统整体架构

手机 APP＋管理平台系统整体架构，如图 4.1-1 所示。

图 4.1-1　系统整体架构

2）手机 APP 端

包括数据调查 APP 系统、权属单位核实 APP 系统、施工管理 APP 系统，实现现场病害上报、病害信息的查询、自动精准定位、与电脑端数据互通等。

① 数据调查 APP 系统

a. 账号注册

提供通过手机号码进行直接注册和由后台管理员进行账号分配注册两种方式。

b. 检查井信息采集

检查井信息采集主要针对道路上的检查井进行信息描述、拍照及坐标定位等信息的采集上报。

② 权属单位核实 APP 系统

a. 核实数据的下载

对各权属单位需要核实道路的病害检查井信息通过权属单位核实 APP 下载于手机，便于实地的核实。

b. 地图定位

点击分布按钮可定位下载需要核实井盖的位置分布，实时定位当前位置，确定核实检查井的实际位置。

c. 核实病害信息的定位查看

查看检查井的属性列表和检查井采集时的实地照片，在核实中便于详细比对辨认。

③ 施工管理 APP 系统

a. 施工修复数据的下载

对各权属单位确认需要修复的病害检查井信息通过施工管理 APP 下载于手机。

b. 地图定位

点击定位按钮可定位某个井盖位置，点击分布按钮可定位所调取的井盖的位置分布。

c. 施工上报

对检查井的修复情况进行上报，对修复后的检查井进行拍照上传照片，实现检查井修复的监管。

3）电脑端

实现数据综合管理查询、病害审批分发、病害地图定位、病害数据统计分析、施工维修流程监管功能，如图 4.1-2 所示。

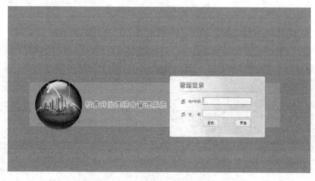

图 4.1-2　电脑端

4）优势和特点

① 丰富的行业经验积累；

② 所见即所得的应用模式；

③ 便捷实用的设计模式——云平台结合移动互联网的系统设计，方便数据的实时交互。

（2）系统功能

检查井治理综合管理流程如图 4.1-3 所示。

图 4.1-3　检查井治理综合管理流程

1) 检查井数据管理功能

可进行数据信息查询、检查井的统计分析、修复计划的制定、定位分布查询、道路台账管理等，如图 4.1-4 所示。

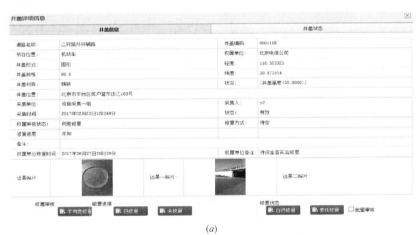

(a)

(b)

图 4.1-4　检查井数据管理功能（一）

（a）信息数据查询；（b）定位分布查询

图 4.1-4　检查井数据管理功能（二）

（c）修复计划制定；（d）检查井统计分析；（e）道路台账管理

2）可对数据进行手动录入和多条件查询，如图 4.1-5 所示。

3）可调取井盖详细信息，如图 4.1-6 所示。

4）可对病害井盖进行二维地图定位、分布查询，如图 4.1-7 所示。

图 4.1-5　手动录入和多条件查询

图 4.1-6　调取井盖详细信息

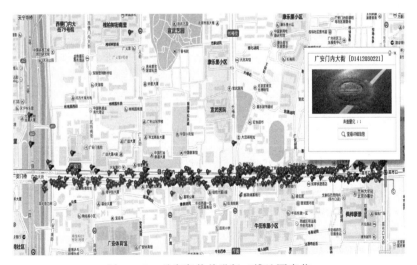

图 4.1-7　对病害井盖进行二维地图定位

5）按多种条件进行数据统计分析，主要包括按病害种类、管养单位、权属单位、道路区域、各权属病害种类、权属单位修复方式，权属审核进度等划分统计，如图 4.1-8

所示。

(a)

(b)

(c)

图 4.1-8 多种条件下进行数据统计分析

(a) 按多种条件进行数据统计分析页面；(b) 按道路单位统计样表；(c) 按权属单位统计样表

（3）系统数据

1）数据更新

采用手机 APP 的方式进行数据动态更新，并设专业审核人员进行数据审核分发。

2）数据备份

采用系统自动备份方式，以月为单位进行自动备份，对于用户误删除操作数据，可通过回收站模式进行数据恢复。

4.1.2　病害处理措施

通过长期以来在市政道路方面的维修与养护工作的实际经验，结合市政道路设计、施工的特点，遂提出以下解决方案：

（1）新建检查井尽量不设置在主车道上，不再使用砖砌检查井，采用模块或现浇混凝土材料砌筑检查井，以提高检查井的结构强度和使用寿命。

（2）细化设计施工规定，规定材料使用要求。

对井盖的材料规格应作严格规定，车行道建议统一使用重型铸铁五防井盖，井圈周边使用特殊材料进行加固处理。

（3）采用快硬高强自流新型材料做垫层，检查井修复范围应大于井盖外350mm，深度不小于250mm。检查井周边处理区域应全部清空换填，材料为现浇钢纤维快硬早强混凝土，强度等级不低于C40。

4.1.3　加固方案

1. 加固材料介绍

本加固材料称为超早强黑色混凝土，是由特种水泥、精致骨料和多种进口添加剂、钢纤维与水泥按一定比例混合形成的特种混凝土，具有超早强、高强度、微膨胀、抗收缩、抗渗透、抗碱骨料反应、耐磨损、耐老化等特征。所用材料需要满足相关规范对材料性能的要求，如有必要，需出具第三方检测机构认证报告。

材料优势：

（1）社会效益：城市道路交通压力大，道路养护施工时间短，使用该材料大大缩短了养护时间，减轻了交通压力，并且提高了路面平整度，市民反映良好，产生巨大的社会效益。

（2）效率高：强度提升快，大大缩短了占道作业时间，采用该工艺和材料进行施工，效率高，比常规工艺效率提高400%。

（3）经济性：用超早强黑色混凝土加固检查井周边或抢修路面，其使用寿命几乎与道路同寿命，解决了反复维修问题，减少了道路管理部门的维修量，节约了养护成本。

（4）施工灵活：本工艺可以广泛应用到不同的工程中，根据不同工程的特点，可以在沥青混凝土施工后加固处理；也可以在沥青混凝土施工前进行加固处理，预留沥青路面面层厚度，罩面施工时，进行顺接。

（5）环保性：减少建筑垃圾的产生，降低噪声污染及扬尘污染，提高了道路的安全性及其稳定性，具有节能减排的特点，促进城市的可持续发展。

2. 施工设备介绍

根据城市道路特点配备专业铣钻机，该机械具有施工效率高、噪声低、降尘、经济效益好等特点，铣钻机钻头可以根据检查井的井口大小调整尺寸，铣钻出的井口周边美观无裂缝，它聚铣钻切削、提升井口和清理废渣功能于一身，整个施工过程没有人工的强体力劳动，更不需投入其他施工设备。省工、省力、省时、省投资，如图 4.1-9 所示。

(a)   (b)

图 4.1-9　施工设备

(a) 设备；(b) 施工图

3. 施工流程

（1）标识开挖：使用专业井口铣钻机对病害检查井进行铣钻，然后清理渣土并装车，井口清理干净后测量记录，确保清理后的井口深度不小于 25cm，填充宽度应大于 35cm，如图 4.1-10 所示。

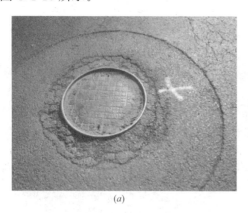

(a)   (b)

图 4.1-10　标识开挖

(a) 标识；(b) 开挖施工图

（2）调井圈：把合格的井圈放置在清理干净的井口内，用垫块调平井圈，确保调平后的井圈平整度符合规范要求，并用杠尺调整检查井井圈高程，使检查井高程和现况路面高程一致，如图 4.1-11 所示。

(a) (b)

图 4.1-11　调井圈
(a) 清理井口；(b) 井圈放置

（3）支模板：模板要与井壁形状相符，并与井壁紧贴无缝隙且支撑牢固，如图 4.1-12 所示。

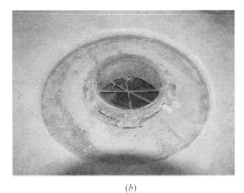

(a) (b)

图 4.1-12　支模板
(a) 调整模板；(b) 支模

（4）浇筑：用超早强黑色混凝土代替沥青混凝土表面层，从底层一次浇灌成型，并振捣，如图 4.1-13 所示。

(a) (b)

图 4.1-13　浇筑
(a) 浇筑；(b) 抹平

（5）拉毛养生：无须洒水及覆盖养生，自然条件下养生 30min 后放行通车，养生期间严禁碾压，如图 4.1-14 所示。

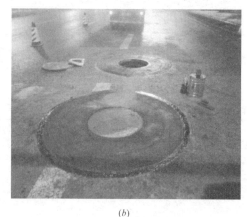

（a）   （b）

图 4.1-14 拉毛养生

（a）拉毛；（b）养生

4. 质保期管理体系

（1）质量跟踪回访制度

工程进入质保期后，制订质保期质量跟踪计划，委派专职人员定期对完成的检查井进行巡查，对存在问题的检查井进行深度研究，认真分析破损原因，及时进行无偿修复，不断总结经验和教训，在类似的工程中，避免出现质量隐患。

（2）编号制度

对每一座修复的检查井都进行编号管理，责任到人，为以后质量缺陷的管理奠定坚实的基础。

4.2 无障碍设施治理

4.2.1 盲道

1. 相关规范规定

对不规范盲道位置进行改造，使无障碍设施更加清晰、规范、完善，《无障碍设计规范》GB 50763—2012 中规定：行进盲道的宽度宜为 250～500mm，如图 4.2-1 所示。

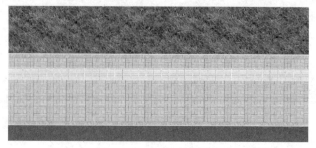

图 4.2-1 行进盲道宽度

行进盲道宜在距树池边缘 250～500mm 处设置，如图 4.2-2 所示。如无树池，行进盲道与路缘石上沿在同一水平面时，距路缘石不应小于 500mm，行进盲道比路缘石上沿低时，距路缘石不应小于 250mm；盲道应避开非机动车停放的位置。

图 4.2-2　行进盲道设置

盲道铺设应连续，应避开树木（穴）、电线杆、拉线等障碍物，其他设施不得占用盲道，如图 4.2-3 所示。

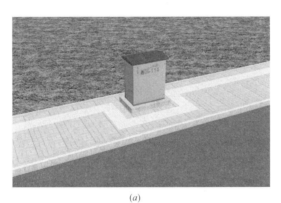

(a)

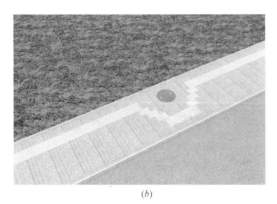 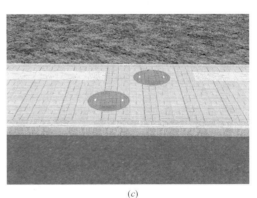

(b)　　　　　　　　　　　　　　　　　(c)

图 4.2-3　障碍物

（a）方形障碍物；（b）圆形障碍物；（c）多个障碍物

2. 施工前后对比

行进盲道避开障碍物，如图 4.2-4 所示。增设连续步道和躲避障碍物，如图 4.2-5 所示。盲道增设盲点躲避障碍物，如图 4.2-6 所示。

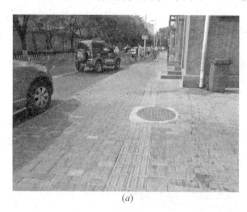

(a)　　　　　　　　　　　　　　　(b)

图 4.2-4　行进盲道避开障碍物

（a）施工前；（b）施工后

(a)　　　　　　　　　　　　　　　(b)

图 4.2-5　增设连续步道和躲避障碍物

（a）施工前；（b）施工后

(a)　　　　　　　　　　　　　　　(b)

图 4.2-6　盲道增设盲点躲避障碍物

（a）施工前；（b）施工后

4.2.2　路口坡化

1. 相关规范规定

对人行道在各种路口、出入口位置不规范未坡化范围进行坡化改造，方便残障人员安全通行，如图 4.2-7 所示。

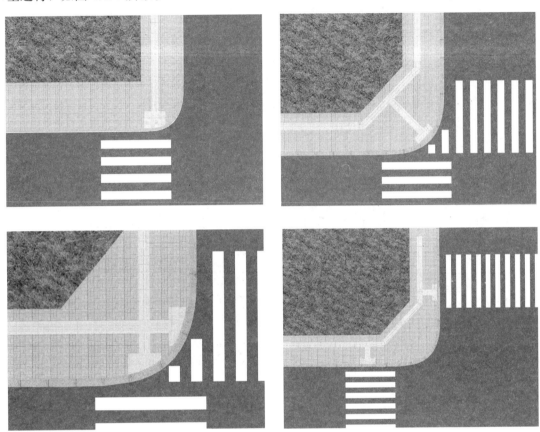

图 4.2-7　人行道设置

人行横道两端必须设置缘石坡道，如图 4.2-8 所示。

图 4.2-8　人行横道两端设置缘石坡道

　　设置于人行道中的行进盲道应与人行天桥及地道出入口处提示盲道相连接，如图 4.2-9 所示。

图 4.2-9　盲道与人行天桥及地道出入口处提示盲道相连接

2. 施工前后对比

无盲道和未坡化步道施工改造，如图 4.2-10 和图 4.2-11 所示。路口坡化如图 4.2-12 所示。

(a)　　　　　　　　　　　　　　　　　(b)

图 4.2-10　无盲道步道施工改造
（a）施工前；（b）施工后

(a)　　　　　　　　　　　　　　　　　(b)

图 4.2-11　未坡化步道施工改造
（a）施工前；（b）施工后

图 4.2-12　路口坡化

（a）施工前（一）；（b）施工后（一）；（c）施工前（二）；（d）施工后（二）

4.2.3　步道检查井

1. 步道检查井周边大块砌筑法

沿线步道检查井周边使用大块砌筑法砌筑，防止检查井周边步道砖由于太小而松动脱落，使沿线步道整体路况更加整洁美观。图 4.2-13 中①小边角切砖尺寸切割后小于

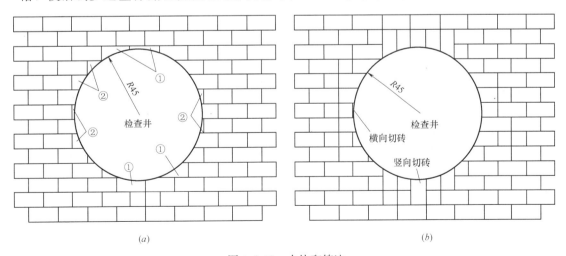

图 4.2-13　大块砌筑法

（a）面砖铺砌的问题；（b）大块切砖法

10cm；②切弧边垂直投影长度大于步道砖最短边，避免出现小块步道砖和弧边过长造成检查井周边步道松动脱落。调整检查井周边步道砖横纵缝，减少切砖尺寸，确保检查井周边步道砖削切后剩余砌筑的单块尺寸大于步道砖整体1/2。

2. 沿线步道美化施工前后对比，如图4.2-14所示。

(a)　　　　　　　　　　　　　(b)

(c)　　　　　　　　　　　　　(d)

图4.2-14　沿线步道美化
(a) 施工前（一）；(b) 施工后（一）；(c) 施工前（二）；(d) 施工后（二）

4.3　沥青面层病害治理

沥青路面维修，主要解决道路沿线龟裂、网裂，提高通行舒适度。

4.3.1　施工方法

沥青路面维修主要针对沥青混凝土面层的病害修复，人工或机械挖除旧沥青混凝土面层，按照原道路结构，重新铺筑新沥青混凝土面层。道路的日常维修主要以满足道路通行、防止病害进一步发展扩大为原则，适用于路面的局部整修和偶发类病害。

4.3.2　主要施工机械

沥青路面的主要施工机械为：大型铣刨机（适用宽度 2m）、小型铣刨机（0.5～1m）、双钢轮压路机（11～13t）、小型压路机（1.5～2t）、摊铺机、防尘雾炮、乳化沥青洒布车、清扫车。

4.3.3　施工流程

1. 道路交通安全拦护

按照国家标准、地方标准和交通管理部门批复的占路作业许可文件，对道路施工区域进行安全拦护，拦护区域作为现场施工安全管理的范围，作业人员、机械、材料均应在安全拦护区域内，如图 4.3-1 所示。

(a)　　　　　　　　　　　　　　(b)

图 4.3-1　交通安全拦护

(a) 车道交通疏导；(b) 箭头指标

2. 旧沥青路面铣刨挖除

按照作业面积可采用铣刨机挖除和人工挖除的方式进行，一般只对面层进行处理、清扫，旧沥青材料尽量进行旧料回收，如图 4.3-2 所示。

(a)　　　　　　　　　　　　　　(b)

图 4.3-2　旧沥青路面铣刨挖除

(a) 铣刨机挖除；(b) 面层处理

3. 撒布粘层油、粘结层

提高基层面层、面层间的粘结力，有效吸收面层与基层之间的应力差，减少道路的温度裂缝。粘层油和透层油撒布时，一般采用沥青洒布车进行撒布，新旧路面竖向接茬采用人工涂刷的方式。应力吸收层一般采用同步碎石封层，如设计有要求，可选用胶轮压路机进行碾压，如图 4.3-3 所示。

(a)　　　　　　　　　　　　　　　(b)

图 4.3-3　撒布粘层油、粘结层

(a) 洒布粘层油；(b) 铺设粘结层

4. 沥青混凝土摊铺

在有条件的施工部位应采用机械摊铺，面积较小的部位采用人工摊铺，如图 4.3-4 所示。

(a)　　　　　　　　　　　　　　　(b)

图 4.3-4　沥青混凝土摊铺

(a) 机械摊铺；(b) 人工摊铺

5. 碾压

面层摊铺的碾压设备主要采用胶轮压路机、双钢轮振动压路机对道路进行初压、复压、终压。对路面的横、纵接缝及构筑物周边采用小型压路机配合碾压，如图 4.3-5 所示。

（a）　　　　　　　　　　（b）　　　　　　　　　　（c）

图 4.3-5　碾压
（a）初压；（b）复压；（c）终压

4.4　沿线圆头更换

4.4.1　相关规范规定

隔离带圆头处理，如图 4.4-1 所示。

图 4.4-1　隔离带圆头处理

4.4.2　主要施工内容

沿线圆头破损倾倒，使用预制路缘石大块拼砌的缘石圆头进行更换，如图 4.4-2 所示。

（a）　　　　　　　　　　　　　　　（b）

图 4.4-2　沿线圆头更换
（a）施工前；（b）施工后

4.5 沿线树池口更换、整修

对树根拱起、树池口破损等病害，整平和更换树池口及拱起步道，对废弃树池口进行步道修，如图 4.5-1 和图 4.5-2 所示。

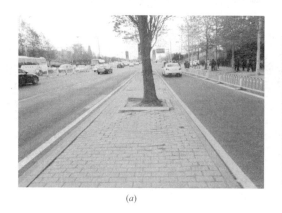

(a) *(b)*

图 4.5-1 沿线树池口更换、整修

（a）施工前；（b）施工后

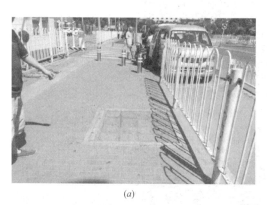

(a) *(b)*

图 4.5-2 修补废弃树池口

（a）修补前；（b）修补后

4.6 沿线路缘石维修

4.6.1 相关规范规定

路缘石应保持稳固、直顺。发生挤压、拱胀变形应调整并及时勾缝，如图 4.6-1 所示。

图 4.6-1　路缘石设置

4.6.2　主要施工内容

对沿线歪斜、破损路缘石维修，降低路口处路缘石高台，提高老人、孩子、盲人、轮椅和婴儿车的通行安全性和舒适性，提高步道整体美观性，如图 4.6-2 所示。

（a）　　　　　　　　　　　　　　（b）

图 4.6-2　沿线路缘石维修

（a）施工前；（b）施工后

4.7　公交站台

4.7.1　相关规范规定

公交站台距路缘石 250～500mm 处应设置提示盲道，其长度应与公交车站的长度相对应，如图 4.7-1 所示。

(a)

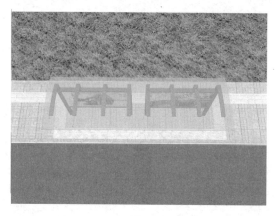

(b)

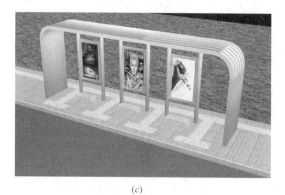

(c)

图 4.7-1 公交站台提示盲道的设置
（a）L形盲道；（b）环形盲道；（c）工字形盲道

4.7.2 主要施工内容

（1）公交站台步砖更换，如图 4.7-2 所示。

(a)   (b)

图 4.7-2　步砖更换

（a）更换前；（b）更换后

（2）公交站台增设盲道，如图 4.7-3 所示。

(a)   (b)

图 4.7-3　站台增设盲道

（a）增设前；（b）增设后

4.8　不开槽沥青路面灌缝、贴缝技术

4.8.1　裂缝处理技术

1. 灌缝

包括直接灌缝和开槽灌缝，应用最广泛，工艺较复杂，有效期较短。

2. 贴缝

包括热贴和冷贴。

3. 挖补

包括全断面切挖和坑槽类挖补，适用于支缝较多的裂缝和龟裂。

4.8.2 贴缝带分类

1. 热贴贴缝带

由改性沥青、高强粘结材料等材料组成的黑色带状卷材，用于修补裂缝，防止裂缝的啃边、崩边、渗水，使用时需加热裂缝及贴缝带。一般用热喷枪加热裂缝边缘及贴缝带后粘贴，如图 4.8-1 所示。

图 4.8-1 热贴贴缝带

优点：粘结性强。

缺点：需加热，施工效率较低。

2. 冷贴贴缝带

又称自粘贴缝带，常温粘贴在裂缝上。自粘贴缝带是路面裂缝贴缝带一种，是沥青、合成橡胶及一些特殊的有机活性单体反应生成的一种含有柔韧性、耐冲击性，又具有良好的自粘性的新型封缝材料，有的产品还有一层抗拉层，产品为条带状。自粘贴缝带的优点如下：

1）常温使用，无须加热，节约燃料，无烦琐加热工序。

2）裂缝无须开槽，避免裂缝人为扩大。

3）贴缝带无毛边，美观。

4）操作简单快捷，无须专业培训。

5）开放交通迅速，贴完即可开放交通。

（1）多层复合贴缝带

由粘结层（改性沥青）、抗拉层（胎基布、无纺布等）组成，宽度 4～10cm，厚度 2～3mm，如图 4.8-2 所示。

（a）　　　　　　　　　　　（b）

图 4.8-2 多层复合贴缝带

（a）材料；（b）施工

缺点：需清缝，需反复裁剪，需敲击或碾压，长期跳车感明显，不美观。

（2）常规沥青基高聚物

主要成分为沥青基高聚物，包装为单层膜，宽度 2～10cm，厚度 2～6mm，如图 4.8-3 所示。

缺点：需清缝，粘结性及柔性有限，需较高施工温度，1d 内遇雨失效。

（a） （b）

图 4.8-3　常规沥青基高聚物
（a）材料；（b）施工

（3）海母高性能自粘贴缝带

主要成分为沥青基高聚物，包装为双层聚乙烯膜。产品宽度 2～10cm 可调，厚度 2～6mm 可调，经过大量试验路检验，确定常规宽度为 3cm，厚度 4mm，该宽度和厚度既保证弯折的方便，又能保证封闭的宽度（铺贴碾压后可达到 5～7cm），如图 4.8-4 所示。

独特优势：大部分裂缝不需清缝，粘结性及柔性极强，温度适应性强，30min 后遇雨无影响。

图 4.8-4　海母高性能自粘贴缝带

第❺章 ▶▶▶

新技术在城市道路养护中的应用

5.1 超薄罩面预防性养护技术

5.1.1 技术简介

超薄罩面预防性养护技术，其主要功能是改善沥青路面的表面纹理功能和使用性能。通过加铺超薄罩面，可以延长沥青路面的使用寿命，修复路面的轻度病害并防止雨水下渗造成沥青路面水损坏，提高沥青路面抗滑性能，降低沥青路面行驶噪声，从而改善沥青路面的服务功能。薄层罩面技术适合于高速公路、城市主干道等各类道路的预防性养护，相比于常见的铣刨加铺工艺具有以下优点：

（1）摊铺厚度薄（2.0～2.5cm），加铺后原有沥青路面标高变化小。

（2）施工效率高，原路面不需要铣刨工艺环节，摊铺快速，一次成型。

（3）施工快速灵活，施工温度范围较广，能在夜间及不利的施工环境下获得良好的施工质量。

（4）摊铺后短时间内即可开放交通。

（5）路面摩擦系数高，表面构造深度大，确保路面抗滑能力，增强路面行驶安全和舒适性。

（6）特殊配方的高固含量改性乳化沥青粘结层保证了薄层罩面与下承层粘结，同时有效避免路表水下渗。

超薄罩面性能特点：

（1）间断级配密实型沥青混合料。薄层罩面混合料采用间断密实型级配，采用间断级配使薄层罩面具有良好的表面构造深度和优良防滑减噪性能，此外其组成结构为密实结构，故又兼具了良好的防水特性。

（2）改性混合料生产工艺。混合料采用直投工艺生产高性能超薄沥青混合料，并添加HPM高性能沥青混合料改性剂，生产方便快捷，尤其适用于工程量较小的预防性养护工程，也可以直接采用改性沥青生产。

（3）添加碾压助剂确保碾压效果。间断级配密实型薄层罩面由于摊铺厚度薄所导致降温速度快，难以保证压实质量的问题，使得超薄混合料的碾压温度范围更大，可以适当采用碾压助剂保证了充分的碾压时间和压实效果。

5.1.2　原路面病害处理技术

1. 横向裂缝和纵向裂缝

对于基层开裂引起的反射裂缝和沥青混凝土温缩引起的横向裂缝，若缝宽小于5mm，将缝隙刷扫干净，并用压缩空气吹净尘土后，可用热沥青进行封堵；若缝宽大十等十5mm，可将缝口杂物清除，沿裂缝开槽后，用压缩空气吹净，采用细粒式热拌沥青混合料填充捣实。

2. 检查井

检查井周边需将沥青混凝土挖除，从路面向下挖除30～35cm，直至露出预制钢筋混凝土井圈，根据相邻平石上的标高以及摊铺机实际摊铺横坡放线，确定检查井的井盖标高。井盖底与预制钢筋混凝土井圈间用标号为C25的快硬速凝混凝土进行填充，井周采用5cm厚度的沥青混合料进行补填，并用冲击夯具进行夯实。

3. 裂缝、掘路、网裂严重区域

裂缝、掘路、网裂严重区域，对沥青路面铣刨再重新加铺两层沥青混凝土。

5.1.3　技术方案

1. 沥青路面结构方案

在北京市内城市道路出现的网裂和沉陷病害成因，可分为内部因素和外部因素。

（1）内部因素主要包括：路面的结构形式、结构组合及所选材料的性能与组成。

（2）外部因素则包括：气候条件（如持续的高温）、交通条件（如重载、超载、渠化交通）、水的作用。

由于外部因素的不可控性，引起网裂和沉陷的根本原因是内因，也是要着力解决的问题，即科学地进行路面结构设计和混合料设计，合理地组织施工，确保施工质量，最大限度地解决现况路面发生的网裂病害。

在做城市道路沥青路面结构设计时，应根据工程所在地的气候、交通量和行车模式以及其他特殊使用要求，遵循厚度合理、沥青混合料类型与厚度匹配、整体结构经济合理等原则进行设计。根据实地现场勘察路面的病害类型、病害程度以及取芯情况，采用如下技术方案：

掘路和裂缝处理完毕、检查井加固后，需对原路面铣刨2.5cm，并喷洒HVE-65高粘乳化沥青粘层，再进行薄层罩面的铺筑。

为加强沥青层与沥青层、沥青层与基层之间的粘结，保证沥青路面整体结构的连续性，以达到提高路面整体强度、延长路面使用寿命的目的，在沥青层与沥青层和沥青层与基层之间采用SBS改性乳化沥青粘层油。粘层油的沥青含量为50%～60%，采用机械化程度较高的设备洒布，保证洒布的均匀性。

2. 材料组成

超薄罩面材料可采用HPM改性剂、聚酯纤维、碾压助剂、70号基质沥青、粗集料、细集料、矿粉配制，也可以采用SBS改性沥青、橡胶沥青等胶结料。级配可以选择间断密实级配、开级配为宜。

薄层罩面沥青混合料技术要求及典型案例实测值如见表 5.1-1。

薄层罩面沥青混合料（间断密实级配）技术指标、实测值　　表 5.1-1

试验指标、技术要求、典型值		
击实次数（次）		75
最佳油石比（%）		5.3
HPM 改性剂掺量（%）		0.4
聚酯纤维掺量（%）		0.2
易密实碾压助剂掺量（%）		0.2
空隙率（%）		3.5～5
饱和度（%）		≥70
稳定度（kN）		≥7
流值（0.1mm）		20～50
浸水马歇尔残留稳定度（%）		≥80
劈裂试验强度比（%）		≥75
车辙试验	动稳定度（次/mm）	≥3000
	总变形（mm）	—
成型路面技术指标		技术要求
构造深度（mm）		≥0.55
摆值（BPN）		≥55
渗水系数（mL/min）		≤150

3. 性能验证与检测

（1）混合料性能检测

在生产过程中对薄层罩面沥青混合料进行性能验证，可检验混合料高温稳定性和抗水损害性能，并对生产的沥青混合料进行抽检，检验油石比和级配。

（2）施工后现场检测

为了保证施工质量，施工结束后需要对沥青路面进行必要的跟踪检测，包含构造深度、摆值和渗水系数。

5.1.4　主要施工工艺

1. 密实超薄罩面对原路面的要求

易密实薄层罩面施工前，原路面应满足以下要求：

（1）原路面必须有充足的结构强度。原路面整体结构强度不足的，不应采用易密实薄层罩面；原路面局部结构强度不足的，必须根据具体情况选择合适的方法进行补强。

（2）视原路面周边附属物的标高情况，采取铣刨原路面或不铣刨原路面直接加罩。

（3）原路面宽度大于 5mm 的裂缝应首先进行灌缝处理。

（4）原路面的拥包等隆起型病害应事先进行处理。

2. 施工技术要求

（1）生产

拌合时设专人投高粘沥青改性剂和聚酯纤维。首先加入添加剂和各档骨料进行干拌，随后加入沥青和易密实碾压助剂，最后加入矿粉，易密实碾压助剂在沥青开始喷洒后延时3s开始喷入，单盘料拌合周期不低于60s，其中干拌15s，喷沥青和易密实添加剂控制在13s以内，然后湿拌6s添加矿粉，再继续湿拌30s。

（2）运输

1）采用数字显示插入式热电偶温度计检测易密实沥青混合料的出厂温度和运到现场温度。

2）拌合机向运料车放料时，汽车应前后移动，分几堆装料，以减少粗细集料离析。

3）易密实沥青混合料运输车的运量应较拌合能力和摊铺速度有所富余，针对隧道摊铺，摊铺机前方应有至少两辆以上运料车等候卸料。

4）运料车应有良好的篷布覆盖设施。

5）连续摊铺过程中，运料车在摊铺机前10～30cm处停住，不得撞击摊铺机。卸料过程中运料车应挂空挡，靠摊铺机推动前进。

（3）摊铺

易密实沥青混合料的摊铺，应在原有路面的表面进行清扫，并喷洒粘层后进行，如图5.1-1所示。应该注意如下几点：

（a）　　　　　　　　　　　　（b）

图 5.1-1　摊铺
（a）摊铺前；（b）摊铺后

1）摊铺机开工前应提前0.5～1h预热烫平板不低于100℃。铺筑过程中应选择烫平板的振捣等压实装置具有适应的振动频率和振幅，以提高路面的初始压实度。烫平板加法连接应仔细调节至摊铺的混合料没有明显的离析痕迹。

2）摊铺机必须缓慢、均匀、连续不间断地摊铺，不得随意变换速度或中途停顿，以提高平整度，减少混合料的离析。摊铺速度宜控制在2～2.5m/min的范围内。当发现混合料出现明显的离析、波浪、裂缝，应分析原因，予以消除。

3）用机械摊铺的易密实沥青混合料未压实前，施工人员不得进入踩踏。一般不用人工不断地整修，只有在特殊情况下，如局部离析，需在现场主管人员指导下，允许用人工找补或更换混合料，缺陷较严重时应予铲除，并调整摊铺机或改进摊铺工艺。

4）采用一台摊铺机摊铺施工，摊铺机应调整到最佳工作状态，调好螺旋布料器两端的自动料位器，并使料门开度、链板送料器的速度和螺旋布料器的转速相匹配。螺旋布料器内混合料高度略高于螺旋布料器 2/3 为度，使熨平板的挡板前混合料的高度在全宽范围内保持一致，避免摊铺层出现离析现象。

5）摊铺厚度采用非接触式平衡梁控制方式。检测松铺厚度是否符合规定，以便随时进行调整。摊前熨平板应预热至规定温度。摊铺机熨平板必须拼接紧密，不许存有缝隙，防止卡入粒料将铺面拉出条痕。

由于摊铺厚度较薄，混合料颗粒较细，沥青黏度大，摊铺时混合料可能会部分地堵塞住出料口，导致出料不畅，应及时予以清理，并对混合料摊铺厚度不足之处予以人工加料。

（4）碾压

为保证压实度和平整度，应做到初压和复压的压路机紧跟碾压。一般情况下每幅摊铺范围（不超过 6m）内需要配置 1 台初压钢轮压路机，1 台胶轮压路机进行组合，1 台终压钢轮压路机。如果采用双机梯队或者一次性摊铺宽度超过 6m 摊铺作业时，推荐采用 2 台初压钢轮、2～3 台复压胶轮、1 台终压钢轮吨位。压路机吨位和碾压遍数要求见表5.1-2。

压路机碾压组合、遍数　　　　　　　表 5.1-2

压路机类型	初压		复压		终压	
	适宜	最大	适宜	最大	适宜	最大
钢轮压路机（13～16t）	1～2（振动压实）	2（振动压实）			2～3（静压）	3（静压）
胶轮压路机（30t）			4～5	5		

1）压路机应以缓慢而均匀的速度碾压，压路机的适宜碾压速度按表 5.1-3 执行。

压路机碾压速度（m/min）　　　　　　　表 5.1-3

压路机类型	初压		复压		终压	
	适宜	最大	适宜	最大	适宜	最大
钢轮振动压路机	2.5～3.5	5	—	—	—	—
轮胎压路机	—	—	4～5	7	—	—
钢轮压路机	—	—	—	—	3～5（静压）	6（静压）

2）为避免碾压时混合料推挤产生拥包，碾压时应将驱动轮朝向摊铺机；碾压路线及方向不应突然改变；压路机启动、停止必须减速缓行，不准刹车制动，压路机折回不应处在同一横断面上。

3）在当天碾压的尚未冷却的易密实沥青混凝土层面上，不得停放压路机或其他车辆，并防止矿料、油料和杂物散落在沥青面层上。

4）现场要对初压、复压、终压段落设置明显标志，设专人引导，以便于司机辨认。对松铺厚度、碾压顺序、压路机组合、碾压遍数、碾压速度及碾压温度应设专岗管理和检查，使面层做到既不漏压也不超压。

5）应向胶轮压路机轮上喷洒或涂刷植物油，数量以不粘轮为度，不得流淌。

6）压实完毕摊铺机退场后，在高架道路没有超载车情况下，可开放交通。

7）易密实混合料拌合及施工环节的温度控制按照表 5.1-4 执行。

拌合、施工环节温度控制表（℃）　　　　　　表 5.1-4

施工温度	薄层罩面
沥青加热温度	150～160
矿料加热温度	180～190
沥青混合料出厂温度	165～175
摊铺温度	≥140
开始碾压温度	≥135
开始复压温度	≥125
碾压终了温度	≥70

（5）裂缝处理

1）旧路裂缝处理。旧路铣刨、清扫结束后，首先进行灌缝处理，接着撒布高黏度乳化沥青之后，需要在裂缝处铺设聚酯玻纤布处理旧路裂缝。

2）纵向施工缝。采用两台摊铺机成梯队联合摊铺方式的纵向接缝，应采用斜接缝。在前部机已摊铺混合料部分留下 10～20cm 宽暂不碾压作为后部机高程基准面，并有 5～10cm 左右的摊铺层重叠，以热接缝形式在最后作跨接缝碾压以消缝迹。如果两台摊铺机相隔距离较短，也可做一次碾压。上下层纵缝应错开 15cm 以上。

3）横向施工缝。全部采用平接缝，用 3m 直尺沿纵向位置，在摊铺段端部的直尺呈悬臂状，以摊铺层与直尺脱离接触处定出接缝位置，用锯缝机割齐后铲除；继续摊铺时，应将摊铺层锯切时留下的灰浆冲洗干净，涂上少量粘层沥青，摊铺机熨平板从接缝处起步摊铺；碾压时用钢筒式压路机进行横向压实，从先铺路面上跨缝逐渐移向新铺面层。

横向施工缝应远离桥梁模数伸缩缝 20m 以外，不许设在模数伸缩缝处，以确保模数伸缩缝两边路面表面的平顺。

5.2　沥青路面抗车辙技术

5.2.1　技术简介

北京某高速公路路面发生的严重车辙病害主要是由于该段道路的交通量在近几年内迅猛增长，其中重型车辆和大型货车的增长量尤为突出，大型车辆超载严重。在高温条件下，车轮碾压反复作用，荷载产生的剪应力大大超过了沥青混合料的抗剪强度，沥青混合料产生流动变形，变形的不断累计形成了严重的车辙病害。从现场芯样的室内试验分析可以得出，该高速公路路面面层材料的高温性能较差，车辙严重处的中面层混合料的级配偏细，细料偏多严重影响了混合料的高温抗车辙能力，从而降低了路面的抗高温性能，加重了车辙病害发生。

针对北京某高速公路严重的车辙拥包病害，如图 5.2-1 所示，亟须采用抗车辙沥青混合料作为路面材料，该路面材料需从以下技术重点与难点进行研究。

(a)   (b)

图 5.2-1　北京某高速公路车辙、拥包病害

(a) 车辙;(b) 拥包

　　沥青混合料矿料级配设计方面,总结北京市多条主干道等重点工程道路大修的经验,吸取 SHRP 计划的 Superpave 设计方法、Bailey 级配设计方法的设计思想,对矿料级配进行优化,从而提高混合料的性能。传统的沥青混合料级配设计通常是依据已有的经验,通过试配-修正-试配的过程来确定矿料级配,使设计的矿质混合料形成适宜的空隙结构,但采用这种方法很难设计出理想的粗集料嵌挤,并且它又不能适用于各种沥青混合料。

　　借鉴美国 Superpave 的经验,为了确保沥青混合料的高温抗车辙能力,同时兼顾低温抗裂性能的需要,矿料组成设计时宜适当减少公称最大粒径附近的粗集料用量,减少0.6mm 以下部分细粉的用量,使中等粒径集料偏多,形成较为平坦的 S 形级配曲线。

　　综合参考我国《公路沥青路面施工技术规范》JTG F40—2004 的基础上,结合多年来我们在北京地区的材料设计经验,并充分借鉴了美国 SHRP 计划的研究成果 SUPER-PAVE 高性能沥青路面技术和 Bailey 级配设计方法,确定工程设计级配。

5.2.2　新型抗车辙沥青混合料开发体系

　　1. 外加剂的评价

　　目前对抗车辙沥青混合料的开发研究主要的手段是优化矿料级配、优选沥青结合料,选用外掺剂也是一个有效手段,本次研究中,以 AC-20C 和 SMA16 为例主要进行了外掺剂的优选,在技术经济的前提下,在保证各项性能不降低的基础上,最大限度地提高路面的高温抗车辙能力、改善路面的低温抗裂性,保证路面的耐久性。

　　2. 沥青混合料高温性能评价

　　为了便于对各种材料路用性能进行对比,本次研究中,沥青混合料均采用标准级配,对采用不同胶结料、不同改性剂和外加剂的沥青混合料进行性能评价。共涉及了 17 种沥青混合料,详细情况见表 5.2-1。

混合料种类

表 5.2-1

混合料类型	胶结料
ATB-25	30 号沥青
AC-25	90 号沥青

续表

混合料类型	胶结料
AC-30	90 号沥青
PRSMA-13	0.5%PR＋SBS 改性沥青
SMA-13	SBS 改性沥青
TLASMA-13	TLA＋SBS 改性沥青
JSHSMA-16	SBS 改性沥青
BDLSMA-16	SBS 改性沥青
LHSMA-16	SBS 改性沥青
GAC-20	0.5%GER＋90 号沥青
PRAC-20	0.5%PR＋90 号沥青
TLAC-20	TLA＋90 号沥青
SBSAC-20	SBS 改性沥青
PRAC-13	0.5%PR＋90 号沥青
PRAC-16	0.5%PR＋90 号沥青
PRAC-25	0.5%PR＋90 号沥青
PRSBSAC-16	0.5%PR＋SBS 改性沥青

这些材料的选择既有新建沥青路面的沥青混合料，也有已建沥青路面的沥青混合料，有快速交通的高速公路沥青路面，也有慢速交通的城市道路路口，同时还兼顾了轻重交通荷载等因素，通过这些典型沥青路面结构及材料的研究寻找北京地区高温性能优异、兼顾低温和水稳定性的沥青路面材料及结构。

对研究中提出的 17 种典型沥青混合料进行了高温、低温和水稳定性检验，从结果看，这 17 种沥青混合料路用性能指标均远高于规范的要求。17 种沥青混合料低温、水稳性能没有明显的差异，满足规范相应的技术要求前提下有小幅的变化，而车辙试验的动稳定度却表现出了明显的差异。总体来看，采用 PR 外掺剂改性的沥青混合料和 SMA 沥青混合料动稳定度均比较高，而旧规范中的 AC-25 I、AC-30 I 沥青混合料动稳定度明显偏低，仅为 800～1000 次/mm，这与我国当时的沥青混合料发展水平有一定的关系。随着级配的改进、各种胶结料性能的改善，同时还有各种高性能外掺剂的使用，沥青混合料的高温性能有了明显的提高。

5.2.3　高温重载耦合条件沥青混合料车辙评价体系

为了分析重载交通和高温环境耦合作用对沥青路面的影响，本研究对车辙试验的条件进行了调整，将标准车辙试验的温度和压强条件提高，将温度提高到 70℃，压强从标准的 0.7MPa 提高到 1.0MPa，使得试验条件最大限度地接近实际交通荷载和气候温度水平。

1. 单层车辙试验

采用 70℃、1.0MPa 条件，对沥青混合料进行了单层车辙试验。试验结果见表5.2-2。

单层车辙试验数据 表 5.2-2

材料类型	动稳定度(70℃、1.0MPa)	变形(mm)
SBS 改性沥青 SMA-13	2650	3.15
SBS 和湖沥青复合改性 SMA-13	2988	2.95
SBS 改性 AC-16	1657	4.53
PR 改性 AC-16	3465	2.95
青川岩沥青 AC-16(10%)	3299	3.36
布敦岩沥青 AC-16(20%)	2251	4.11
青川岩沥青 AC-16(7%)	1886	4.07
布敦岩沥青 AC-16(25%)	3373	2.98

从表中数据可知，PR 改性沥青 AC-16 和青川岩沥青 AC-16 动稳定度较大，SBS 改性沥青 AC-16 最低，布敦岩沥青 AC-16 次之，两种 SMA-13 动稳定度均在 2500 次/mm 以上。

2. 复合车辙试验

复合车辙试验在国内 T0719 车辙试验的基础上进行二次开发，主要研究抗车辙沥青混合料路面整体抗变形能力和层间粘结性能，基于厚度和模量组合的路面结构最终的抗车辙性能必须通过室内模拟的复合车辙试验完成，该试验可以考虑荷载从 0.7MPa 增加到 1.0MPa，温度可以选择 60℃、70℃等。

复合车辙试验根据上面层和中面层类型进行组合，中面层有四种，包括：改性沥青 AC-16/20、PR 抗车辙 AC-16/20、青川岩沥青 AC-16/20、布敦岩沥青 AC-16/20 等，上面层有 SBS 改性沥青 SMA-13、SBS 和湖沥青改性 SMA-13。采用了 70℃、1.0MPa 的温度和压强条件，真实模拟工程实际环境，结果见表 5.2-3。

结构车辙数据 表 5.2-3

上面层	中面层	动稳定度(70℃、1.0MPa)	变形(mm)
SBS 单改 SMA-13	SBS 改性 AC-16	2474	4.39
	PR 改性 AC-16	2845	4.02
	10%青川岩沥青 AC-16	2769	4.18
	20%布敦岩沥青 AC-16	2563	4.41
	7%青川岩沥青 AC-16	2553	4.32
	25%布敦岩沥青 AC-16	2777	4.18
	70 号沥青 AC-16	1197	6.16
SBS 和湖沥青双改 SMA-13	SBS 改性 AC-16	2603	4.12
	PR 改性 AC-16	3059	3.98
	10%青川岩沥青 AC-16	2857	3.97
	20%布敦岩沥青 AC-16	2709	4.09
	7%青川岩沥青 AC-16	2659	4.17
	25%布敦岩沥青 AC-16	2884	4.01

从表中数据可知，上面层采用 SMA-13，不同中面层材料动稳定度排序为 PR 改性＞青川岩沥青改性、布敦岩沥青＞SBS 改性＞70 号沥青，上面层采用复合改性 SMA-13，复合车辙动稳定度排序与单改性 SMA-13 一致。相同中面层材料复合改性 SMA-13 上面层结构车辙动稳定度稍高于 SBS 单改性 SMA-13 上面层。不同改性方式的 AC-20 沥青混合料结果排序与 AC-16 基本相同。复合车辙试验模拟沥青路面的实际结构，采用双层结构的沥青混合料进行试验，试验结果表明，采用 TLA 湖沥青的 SMA-13 和 PRAC 的结构组合有着相对较高的动稳定度，表现出了新型高性能材料的良好性能。

从车辙深度来说，除中面层为 70 号道路石油沥青 AC-16 车辙深度为 6.16mm，其他中面层结构的车辙深度均在 4mm 左右，差别不大。分析认为是上面层两种 SMA-13 优异的抗车辙性能削弱了试验荷载对中面层的影响。

分析车辙试件的切面，中面层为 70 号沥青 AC-16，也就是抗车辙性能最差的中面层，除上面层 SMA 变形外中面层也发生了一定的变形；而中面层为抗车辙性能最好的 PR 改性 AC-16，中面层基本没有发生变形，车辙变形主要在上面层 SMA-13 混合料上。对车辙试件断面分析发现，重载条件下相同抗车辙性能优异的表面层，不同抗车辙性能的中面层，越弱的中面层，除表面层发生车辙外，中面层也更容易发生车辙。

3. 多轮车辙试验 RLWT

多轮车辙仪是美国 CPN 公司开发，在 20 世纪 90 年代末开始在用的，目前主要应用于科研领域。多轮车辙试验如图 5.2-2 所示，该车辙仪可以对直径 100mm 及 150mm 的试样进行车辙试验评价。该车辙仪检验沥青混合料抗车辙能力指标是在指定加载次数（N）下产生的累计变形深度（d），或指定的累计变形深度所需加载次数，多轮车辙试验结果见表 5.2-4。该方法特点为设备轻便，操作简单，可实现干湿两种环境下的车辙试验。多轮车辙试验是一种便捷的加速试验方法，试件制备简单，试验结果简单明确。

图 5.2-2　多轮车辙试验

多轮车辙试验结果　　　　　　　　　　　　　　　　　表 5.2-4

材料类型	RLWT 变形（16000 次）
SBS 改性沥青 SMA-13	0.49
SBS 和湖沥青复合改性 SMA-13	0.50
SBS 改性 AC-16	0.49
PR 改性 AC-16	0.48
青川岩沥青 AC-16（10%）	0.53
布敦岩沥青 AC-16（20%）	0.51
青川岩沥青 AC-16（7%）	0.56
布敦岩沥青 AC-16（25%）	0.50

从试验结果和完成试验的试件来看，RLWT 轮辙试验碾压 16000 次的轮辙深度结果均很小，在 0.5mm 左右，而且各种混合料相差较小。该试验可以说明本研究所选择的路面材料均为抗车辙性能优异的材料。

5.2.4 主要施工工艺

抗车辙沥青路面施工的最低气温应不低于 15℃，路表温度不低于 10℃。当最低温度低于该温度时应采取必要的技术措施。寒冷季节、大风降温应严禁施工为了保证沥青路面的抗车辙效果，同时保证路面的施工满足设计要求，在混合料生产和施工现场应有专业技术人员进行质量控制和技术指导。

1. 施工准备

对于新建工程，在沥青混合料施工前对基层进行严格成品保护，使得基层表面无污染、无杂物。对于改建工程，在施工前对原路面进行铣刨至设计高程后，清扫表面后，喷洒粘层油。粘层油施工前应对铣刨路面进行严格的清扫，达到表面无浮沉、无松散颗粒的要求。可采用人工清扫与空压机吹扫联合梯队作业的方式，将表面浮灰和局部松散部位冲掉，确保表面清洁、干燥后再喷洒粘层油。

为了保证沥青路面各结构层间的连续，各沥青层间均应喷洒粘层油。粘层油宜采用 SBS 改性乳化沥青，应保证路面均匀满布粘层油，用量 0.5～0.7L/m² （沥青含量 50%）。

为了保证施工不受干扰，抗车辙路面在施工时应中断交通，杜绝车辆通行。

2. 混合料的生产和运输

抗车辙的沥青混合料应通过目标配合比设计、生产配合比设计确定混合料的生产用配比。在试拌试铺的基础上确定的配合比作为沥青混合料生产用的标准配比，在生产过程中，严格按照此配合比进行生产，不得随意调整配比。应严格按照设计提供的外掺剂的添加量控制外掺剂的剂量，根据拌合机每盘矿料的质量，准确称量所需外掺剂的重量，由人工按剂量投放，有条件时可采用电子秤计量、机械添加的方式。加入外掺剂后应干拌 15～30s，以保证矿料与外掺剂的均匀拌合。

为了得到最佳效果，矿料加热温度控制在 190～200℃，沥青加热温度 140～150℃。当矿料与外掺剂均匀混合后，将沥青喷入并拌合，拌合时间与一般沥青混合料的拌合时间相同。沥青混合料的出料温度为 175～185℃，拌合的混合料应均匀一致，无花白、无粗细料分离和结块现象。

将拌合好的沥青混合料运至现场，为了防止沥青混合料降温过快，在运输时应加盖篷布。考虑拌合厂与工地现场的距离，在组织运力时应充分考虑交通堵塞的可能，同时确保混合料温度降低不超过要求。

3. 混合料的摊铺和碾压

沥青混合料的摊铺机械可采用常用的具有自动找平装置的摊铺机（如 ABG423 等）摊铺，混合料摊铺温度控制在 170～175℃。摊铺机必须缓慢、均匀、连续不间断，摊铺速度控制在 2～3m/min。

沥青混合料的碾压可采用胶轮碾加钢轮压路机联合作业，也可只用钢轮压路机，由于摊铺作业段长度的限制，一台摊铺机应配备两台 DD110 以上的钢轮压路机，为了保证施工压实度满足要求，下面层应采用 25t 以上胶轮压路机和 DD110 以上钢轮压路机联合作业的方式。碾压时，前进静压返回即振。采用胶轮碾加钢轮压路机联合作业时，首先钢轮压路机前进静压后返回起振，复压采用轮胎压路机，终压再用钢轮碾静压收平。

压路机应紧跟摊铺机进行碾压，做到"紧跟慢压、高频低幅"，应尽量保证沥青混合料在高温条件下完成碾压，要求初压温度 160～165℃，终压温度 110～115℃。碾压遍数应严格按照试验路段确定的碾压程序进行碾压，现场设专人指挥碾压，记录碾压次数。碾压中，胶轮压路机严禁洒水，为了防止粘轮宜采用植物油与水的混合液（1：1）涂抹；双钢轮压路机应严格控制洒水量，以沥青不粘轮为原则。

在施工中，应严格控制施工压实度，要求路面各沥青层的压实度均不低于98％。沥青路面抗车辙技术处理前后对比如图 5.2-3 所示。

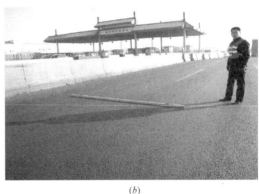

（a）　　　　　　　　　　　　　　　　　　（b）

图 5.2-3　沥青路面抗车辙技术处理前后对比图

（a）处理前（2005 年）；（b）处理后（2012 年）

4. 开放交通

分层摊铺的沥青混合料，一层路面成型后应经自然冷却，待沥青混合料表面温度低于50℃时后，方可进行下一层的摊铺作业。应尽量保持路面成型24h 后开放交通，如无法满足，应待沥青路面完全自然冷却，沥青混合料表面温度低于 50℃时后方可开放交通。严禁碾压成型后，路面温度没有降低到规定要求时开放交通。

5.3　温拌沥青混合料技术

5.3.1　技术简介

1. 温拌沥青特点

目前用于沥青路面建设、养护的沥青混合料主要有热拌沥青混合料和冷拌（常温）沥青混合料。从使用数量比例看，热拌沥青混合料占绝对多数，而冷拌沥青混合料，尽管在环保、能耗等方面有很大优势，但由于总体上其路用性能与热拌沥青混合料相比还有较大差距或其价格昂贵等因素，因此主要用于沥青路面的修补、罩面，以及低交通量路面、中重交通量路面的下面层和基层。而温拌沥青混合料保留了冷拌沥青混合料在环保、节能等方面优势的同时克服其性能尚有差距的不足，温拌沥青混合料是一类拌合温度介于热拌沥青混合料（150～180℃）和冷拌（常温）（10～40℃）沥青混合料之间，性能达到（或接近）热拌沥青混合料的新型沥青混合料。

目前可通过在混合料中添加沸石、有机添加剂或采用软硬沥青相结合、采用特殊表面活性剂等各类方法来降低混合料的拌合温度，这些混合料都可称之为温拌沥青混合料。与热拌沥青混合料相比，根据混合料类型不同温拌混合料的拌和温度一般可降低20～40℃，采用温拌沥青混合料可很好地缓解热拌沥青混合料由于高温拌合而导致的几个问题：首先，高温下的有害气体排放问题。由于热拌沥青混合料的拌合温度高，所以混合料拌制过程乃至摊铺时青烟阵阵的现象显而易见。其次，高温导致的胶结料老化问题。再次，能耗问题，采用温拌沥青混合料可以大大降低拌合温度，其中最主要的是集料的加热温度可显著下降，进而可显著节约能源。

2. 温拌沥青的重点难点

沥青混合料的温拌技术可以通过多种方式来实现，如添加沸石、有机添加剂或采用软硬沥青相结合、采用特殊表面活性剂等。其中，将温拌添加剂加入沥青中制成温拌沥青，再拌制混合料的技术称为成品温拌沥青技术。该技术不仅能大幅度降低生产及施工温度，能保证混合料性能合格，而且产品质量稳定。针对北京108国道大修工程，采用温拌沥青混合料进行铺筑，该路面材料的重点难点包括如下几个方面：混合料配合比设计、混合料的生产及施工工艺等。

3. 成品温拌沥青及其混合料

温拌沥青混合料的种类按集料公称最大粒径、矿料级配、空隙率划分，分类见表5.3-1。

温拌沥青混合料种类 表 5.3-1

混合料类型	温拌密级配沥青混合料	温拌沥青稳定碎石混合料	温拌沥青玛琋脂碎石混合料	公称最大粒径（mm）	最大粒径（mm）
粗粒式	—	WATB-30	—	31.5	37.5
	WAC-25	WATB-25	—	26.5	31.5
中粒式	WAC-20	—	WSMA-20	19.0	26.5
	WAC-16	—	WSMA-16	16.0	19.0
细粒式	WAC-13	—	WSMA-13	13.2	16.0
	WAC-10	—	WSMA-10	9.5	13.2

沥青面层集料的最大粒径宜从上至下逐渐增大，并应与压实层厚度相匹配。对温拌密级配沥青混合料，沥青层单层的压实厚度不宜小于集料公称最大粒径的2.5～3倍，对WSMA等嵌挤型混合料不宜小于公称最大粒径的2～2.5倍，以减少离析，便于压实。温拌沥青混合料类型与推荐的应用场合见表5.3-2。

常用温拌沥青混合料类型与推荐应用场合 表 5.3-2

结构层次	高等级道路		一般道路
	三层式沥青混凝土路面	两层式沥青混凝土路面	沥青混凝土路面
上面层	WAC-13　WAC-16　WSMA10　WSMA13	WAC-13　WAC-16　WSMA10　WSMA13	WAC-10 WAC-13 WAC-16

续表

结构层次	高等级道路		一般道路
	三层式沥青混凝土路面	两层式沥青混凝土路面	沥青混凝土路面
中面层	WAC-20		
下面层	WAC-25 WATB-25 WATB-30	WAC-20 WAC-25 WATB-30	WAC-20 WAC-25

在旧路维修养护工程中使用温拌沥青混合料时，应先对旧路面进行铣刨、修补处理，确认能满足基层要求后，彻底清除浮灰，洒布粘层油后，方能加铺温拌沥青混合料面层。

温拌沥青混合料宜在气温不低于5℃（高等级道路）或2℃（一般道路）的条件下施工，不得在雨天、路面潮湿的情况下施工。

5.3.2　配合比设计

1. 目标配合比设计

温拌密级配沥青混合料宜根据公路等级、气候及交通条件按表5.3-3选择采用粗型（C型）或细型（F型）混合料。一般道路在表5.3-4的级配范围内确定工程设计级配范围，高等级道路采用表5.3-5的矿料级配范围作为工程设计级配范围。WSMA混合料采用表5.3-6的工程设计级配范围。WATB沥青混合料采用表5.3-7的工程设计级配范围。

粗型和细型温拌密级配沥青混凝土的关键性筛孔通过率　　表5.3-3

混合料类型	公称最大粒径(mm)	用以分类的关键性筛孔(mm)	粗型密级配		细型密级配	
			名称	关键性筛孔通过率(%)	名称	关键性筛孔通过率(%)
WAC-25	26.5	4.75	WAC-25C	<40	WAC-25F	>40
WAC-20	19	4.75	WAC-20C	<45	WAC-20F	>45
WAC-16	16	2.36	WAC-16C	<38	WAC-16F	>38
WAC-13	13.2	2.36	WAC-13C	<40	WAC-13F	>40
WAC-10	9.5	2.36	WAC-10C	<45	WAC-13F	>45

一般道路温拌密级配沥青混合料（WAC）矿料级配范围　　表5.3-4

级配类型		通过下列筛孔(mm)的质量百分率(%)												
		31.5	26.5	19	16	13.2	9.5	4.75	2.36	1.18	0.6	0.3	0.15	0.075
粗粒式	WAC~25	100	90~100	75~90	65~83	57~76	45~65	24~52	16~42	12~33	8~24	5~17	4~13	3~7
中粒式	WAC~20	—	100	90~100	78~92	62~80	50~72	26~56	16~44	12~33	8~24	5~17	4~13	3~7
	WAC~16	—	—	100	90~100	76~92	60~80	34~62	20~48	13~36	9~26	7~18	5~14	4~8
细粒式	WAC~13				100	90~100	68~85	38~68	24~50	15~38	10~28	7~20	5~15	4~8
	WAC~10					100	90~100	45~75	30~58	20~44	13~32	9~23	6~16	4~8

高等级道路温拌密级配沥青混合料（WAC）矿料级配范围　　　　表 5.3-5

级配类型		通过下列筛孔(mm)的质量百分率(%)												
		31.5	26.5	19	16	13.2	9.5	4.75	2.36	1.18	0.6	0.3	0.15	0.075
粗粒式	WAC～25	100	90～100	75～90	65～80	56～70	45～58	30～40	19～29	12～22	8～16	5～12	4～9	3～7
中粒式	WAC～20	—	100	90～100	76～90	64～80	50～64	33～43	21～31	13～23	9～17	6～12	4～9	3～7
	WAC～16	—	—	100	90～100	78～90	61～73	37～47	22～32	14～24	9～17	6～13	4～9	3～7
细粒式	WAC～13	—	—	—	100	90～100	63～77	39～49	23～33	14～24	10～18	6～13	4～10	3～7

温拌沥青玛琋脂碎石混合料（WSMA）矿料级配范围　　　　表 5.3-6

级配类型		通过下列筛孔(mm)的质量百分率(%)											
		26.5	19	16	13.2	9.5	4.75	2.36	1.18	0.6	0.3	0.15	0.075
中粒式	WSMA～20	100	90～100	72～92	62～82	40～55	18～30	13～22	12～20	10～16	9～14	8～13	8～12
	WSMA～16	—	100	90～100	65～85	45～65	20～32	15～24	14～22	12～18	10～15	9～14	8～12
细粒式	WSMA～13	—	—	100	90～100	50～75	20～34	15～26	14～24	12～20	10～16	9～15	8～12
	WSMA～10	—	—	—	100	90～100	28～60	20～32	14～26	12～22	10～18	9～16	8～13

温拌密级配沥青稳定碎石（WATB）矿料级配范围　　　　表 5.3-7

级配类型		通过下列筛孔(mm)的质量百分率(%)												
		37.5	31.5	26.5	19	16	13.2	9.5	4.75	2.36	1.18	0.6	0.3	0.15	0.075
特粗式	WATB～30	100	90～100	74～88	58～72	51～65	45～59	36～50	24～36	17～27	11～20	8～15	5～11	3～9	2～6
粗粒式	WATB～25	—	100	90～100	70～86	60～76	50～64	37～51	24～36	17～27	11～20	8～15	5～11	3～9	2～6

　　温拌混合料采用马歇尔试验配合比设计方法进行设计。实验室成型前，温拌沥青混合料应在击实温度下在烘箱或拌合锅中放置 2h。沥青混合料技术要求应符合表 5.3-8～表 5.3-10 的规定，并有良好的施工性能。

温拌密级配沥青混凝土混合料马歇尔试验技术标准　　　　表 5.3-8

（本表适用于公称最大粒径小于等于 26.5mm 的密级配沥青混凝土混合料）

试验指标		单位	高等级道路		一般道路
			中轻交通	重载交通	
击实次数(双面)		次	75		50
试件尺寸		mm	$\phi 101.6 \times 63.5$		
空隙率[1] VV	深约 90mm 以内	%	3～5	4～6	3～6
	深约 90mm 以下	%	3～6		3～6
稳定度 MS		kN	≥8		≥5
流值[2] FL		mm	2～4	1.5～4	2～4.5

续表

试验指标	单位	高等级道路				一般道路
		中轻交通		重载交通		
矿料间隙率 VMA（%）≥	设计空隙率（%）	相应于以下公称最大粒径(mm)的最小 VMA 及 VFA 技术要求(%)				
		26.5	19	16	13.2	9.5
	2	10	11	11.5	12	13
	3	11	12	12.5	13	14
	4	12	13	13.5	14	15
	5	13	14	14.5	15	16
	6	14	15	15.5	16	17
沥青饱和度 VFA(%)		55～70	65～75			70～85

注：1. 当设计的空隙率不是整数时，由内插确定要求的 VMA 最小值。

2. 对于改性沥青混凝土，马歇尔试验的流值可参考 SMA 改性沥青混凝土指标。

WSMA 混合料马歇尔试验配合比设计技术要求　　表 5.3-9

试验项目	单位	技术要求	
		不使用改性沥青	使用改性沥青
马歇尔试件尺寸	mm	$\phi101.6\times63.5$	
马歇尔试件击实次数[1]	—	两面击实 50 次	
空隙率 VV[2]	%	3～4	
矿料间隙率 VMA[2]	%	≥17.0	
粗集料骨架间隙率 VCA_{mix}[3]	—	≤VCA_{DRC}	
沥青饱和度 VFA	%	75～85	
稳定度[4]	kN	≥5.5	≥6.0
流值	mm	2～5	—
谢伦堡沥青析漏试验的结合料损失	%	≤0.2	≤0.1
肯塔堡飞散试验的混合料损失或浸水飞散试验	%	≤20	≤15

注：1. 对集料坚硬不易击碎、混合料碾压时要求并能达到较好压实效果情况下，宜将击实次数增加为双面 75。

2. 对高温稳定性要求较高的重交通路段，设计空隙率允许放宽到 4.5%，VMA 允许放宽到 16.5%（SMA-16）或 16%（SMA-19），VFA 允许放宽到 70%。

3. 试验粗集料骨架间隙率 VCA 的关键性筛孔，对 SMA-19、SMA-16 是指 4.75mm，对 SMA-13、SMA-10 是指 2.36mm。

4. 稳定度难以达到要求时，容许放宽到 5.0kN（非改性）或 5.5kN（改性），但动稳定度检验必须合格。

温拌密级配沥青稳定碎石马歇尔试验技术要求　　表 5.3-10

试验项目	单位	技术要求	
		26.5mm	31.5mm
马歇尔试件尺寸	mm	$\phi101.6\times63.5$	$\phi152.4\times95.3$
马歇尔试件击实次数	—	75	112
空隙率 VV	%	3～6	

续表

试验项目	单位	技术要求	
		26.5mm	31.5mm
稳定度	kN	≥7.5	≥15
流值	mm	1.5-4	实测
沥青饱和度 VFA	%	55～70	
矿料间隙率 VMA ≥	%	设计空隙率	WATB-30	WATB-25
		4	11.5	12
		5	12.5	13
		6	13.5	14

用于高等级道路的公称最大粒径等于或小于19mm的温拌密级配沥青混合料（WAC）及WSMA混合料，需在配合比设计的基础上按本条款进行各种使用性能检验，不符合要求的沥青混合料，必须更换材料或重新进行配合比设计。一般道路参照此要求执行。试验方法按照现行《公路工程沥青及沥青混合料试验规程》JTG E20—2011规定的方法执行。

2. 生产配合比设计

对间歇式拌合机，应按规定方法取样测试各热料仓的材料级配，确定各热料仓的配合比，供拌合机控制室使用。同时选择适宜的筛孔尺寸和安装角度，尽量使各热料仓的供料大体平衡。并取目标配合比设计的最佳沥青用量OAC、OAC±0.3%等3个沥青用量进行马歇尔试验合试拌，通过室内试验及从拌合机取样试验综合确定生产配合比的最佳沥青用量，由此确定的最佳沥青用量与目标配合比设计的结果的差值不宜超过±0.2%。对连续式拌合机可省略生产配合比设计步骤。

3. 生产配合比验证

拌合机按生产配合比结果进行试拌、铺筑试验段，并取样进行马歇尔试验，同时从路上钻取芯样检测空隙率的大小，由此确定生产用的标准配合比。标准配合比的矿料合成级配中，至少应包括0.075mm、2.36mm、4.75mm及公称最大粒径筛孔的通过率接近优选的工程设计级配范围的中值，并避免在0.3～0.6mm处出现"驼峰"。对确定的标准配合比，宜再次进行车辙试验和水稳定性检验。

确定施工级配允许波动范围。根据标准配合比及质量管理要求中各筛孔的允许波动范围，制定施工用的级配控制范围，用以检查沥青混合料的生产质量。

经设计确定的标准配合比在施工过程中不得随意变更。生产过程中应加强跟踪检测，严格控制进场材料的质量，如遇材料发生变化并经检测沥青混合料的矿料级配、马歇尔技术指标不符要求时，应及时调整配合比，使沥青混合料的质量符合要求并保持相对稳定，必要时重新进行配合比设计。

5.3.3 混合料的拌制与运输

1. 拌合工艺

成品温拌沥青及温拌改性沥青按照《公路沥青路面施工技术规范》JTG F40—2004

的要求的工艺拌合。

温拌沥青混合料拌合的其他要求，按照《公路沥青路面施工技术规范》JTG F40—2004 对热拌沥青混合料的相关规定执行。

2. 混合料的温度控制

温拌沥青混合料施工温度应根据沥青标号及黏度、气候条件、铺装层厚度等综合确定。使用 70 号和 90 号道路沥青时，温拌沥青混合料的通常施工温度见表 5.3-11。使用 SBS 改性沥青时，温拌沥青混合料的通常施工温度见表 5.3-12。

温拌沥青混合料的施工温度（℃）　　　　　　　　　　表 5.3-11

施工工序		沥青标号	
		70 号	90 号
沥青加热温度		135～155	130～150
集料加热温度≥		120	
出料温度		115～135	110～130
运输到场温度≥		110	105
摊铺温度≥	正常施工	105	100
	低温施工	115	110
初压温度≥	正常施工	100	95
	低温施工	110	105
终压温度≥		70	70
开放交通温度≤		50	50

温拌 SBS 改性沥青混合料的正常施工温度范围（℃）　　　表 5.3-12

施工工序		SBS I-C	SBS I-D
沥青加热温度		155～170	155～170
集料加热温度≥		135	
沥青混合料出料温度		120～140	125～145
运输到场温度≥		115	110
摊铺温度≥	正常施工	110	115
	低温施工	120	125
初压温度≥	正常施工	105	110
	低温施工	115	120
终压温度≥		80	80
开放交通温度≥		50	50

3. 混合料的运输

温拌沥青混合料的运输按照《公路沥青路面施工技术规范》JTG F40—2004 对热拌沥青混合料的相关规定执行。

5.3.4 混合料摊铺及压实成型

1. 摊铺

温拌沥青混合料应采用沥青摊铺机摊铺，在喷洒有粘层油的路面上铺筑改性沥青混合料或 SMA 时，宜使用履带式摊铺机。摊铺机的受料斗应涂刷薄层隔离剂或防粘结剂。普通热拌沥青混合料施工如图 5.3-1 所示，温拌沥青混合料施工如图 5.3-2 所示。

图 5.3-1　普通热拌沥青混合料施工　　　　图 5.3-2　温拌沥青混合料施工

铺筑高速公路、一级公路沥青混合料时，一台摊铺机的铺筑宽度不宜超过 6（双车道）～7.5m（三车道以上），通常宜采用两台或更多台数的摊铺机前后错开 10～20m 成梯队方式同步摊铺，两幅之间应有 30～60mm 宽度的搭接，并躲开车道轮迹带，上下层的搭接位置宜错开 200mm 以上。

摊铺机开工前应提前 0.5～1h 预热熨平板不低于 100℃。铺筑过程中应选择熨平板的振捣或夯锤压实装置具有适宜的振动频率和振幅，以提高路面的初始压实度。熨平板加宽连接应仔细调节至摊铺的混合料没有明显的离析痕迹。

摊铺机必须缓慢、均匀、连续不间断地摊铺，不得随意变换速度或中途停顿，以提高平整度，减少混合料的离析。摊铺速度宜控制在 2～5m/min 的范围内。对改性沥青混合料及 SMA 混合料宜放慢至 1～3m/min。当发现混合料出现明显的离析、波浪、裂缝、拖痕时，应分析原因，予以消除。

摊铺机应采用自动找平方式，下面层或基层宜采用钢丝绳引导的高程控制方式，上面层宜采用平衡梁或雪橇式摊铺厚度控制方式，中面层根据情况选用找平方式。直接接触式平衡梁的轮子不得黏附沥青。铺筑改性沥青或 SMA 路面时宜采用非接触式平衡梁。

沥青路面施工的最低气温应符合《公路沥青路面施工技术规范》JTG F40—2004 的要求，寒冷季节遇大风降温，不能保证迅速压实时不得铺筑沥青混合料。热拌沥青混合料的最低摊铺温度根据铺筑层厚度、气温、风速及下卧层表面温度按该规范 5.2.2 条执行每天施工开始阶段宜采用较高温度的混合料。

沥青混合料的松铺系数应根据混合料类型由试铺试压确定。摊铺过程中应随时检查摊铺层厚度及路拱、横坡，并按《公路沥青路面施工技术规范》JTG F40—2004 中的方法由使用的混合料总量与面积校验平均厚度。

摊铺机的螺旋布料器根据摊铺速度调整到保持一个稳定的速度均衡地转动，两侧应保持有不少于送料器 2/3 高度的混合料，以减少在摊铺过程中混合料的离析。

用机械摊铺的混合料，不宜用人工反复修整。当不得不由人工作局部找补或更换混合料时，需仔细进行，特别严重的缺陷应整层铲除。

在路面狭窄部分、平曲线半径过小的匝道或加宽部分，以及小规模工程不能采用摊铺机铺筑时可用人工摊铺混合料。人工摊铺沥青混合料应符合下列要求：

（1）半幅施工时，路中一侧宜事先设置挡板。

（2）沥青混合料宜卸在铁板上，摊铺时应扣锹布料，不得扬锹远甩。铁锹等工具宜沾防粘结剂或加热使用。

（3）边摊铺边用刮板整平，刮平时应轻重一致，控制次数，严防集料离析。

（4）摊铺不得中途停顿，并加快碾压。如因故不能及时碾压时，应立即停止摊铺，并对已卸下的沥青混合料覆盖苫布保温。

（5）低温施工时，每次卸下的混合料应覆盖苫布保温。

2. 压实

温拌密级配沥青混凝土的压实层最大厚度不宜大于 100mm，温拌密级配沥青稳定碎石混合料的压实层厚度不宜大于 120mm，但当采用大功率压路机且经试验证明能达到压实度时允许增大到 150mm。

应配备数量足够、吨位适宜的压路机。一般情况下，每幅摊铺范围（不超过 6m）内至少需要配置 1 台初压钢轮压路机，1 台复压胶轮压路机，1 台终压钢轮压路机。如果采用双机梯队或者一次性摊铺宽度超过 6m 摊铺作业时，至少需要配置采用 2 台初压钢轮压路机，2 台胶轮压路机，1 台终压钢轮压路机。

压路机的碾压温度应符合《公路沥青路面施工技术规范》JTG F40—2004 中的要求，并根据混合料种类、压路机、气温、层厚等情况经试压确定。在不产生严重推移和裂缝的前提下，初压、复压、终压都应在尽可能高的温度下进行。同时不得在低温状况下作反复碾压，使石料棱角磨损、压碎、破坏集料嵌挤。

压路机应以慢而均匀的速度碾压，压路机的碾压速度应符合表 5.3-13 的规定。压路机的碾压路线及碾压方向不应突然改变而导致混合料推移。碾压区的长度应大体稳定。

压路机碾压速度（km/h）　　　　　　　　表 5.3-13

压路机类型	初压		复压		终压	
	适宜	最大	适宜	最大	适宜	最大
钢筒式压路机	2～3	4	3～5	6	3～6	6
轮胎压路机	2～3	4	3～5	6	4～6	6
振动压路机	2～3（静压或前静后振）	3（静压或前静后振）	3～4.5（振动）	5（振动）	3～6（静压）	6（静压）

两端的折返位置应随摊铺机前进而推进，横向不得在相同的断面上。

根据混合料的级配类型、天气情况，选择合理的碾压工艺。常用的碾压工艺如下：

（1）初压选择钢轮压路机，吨位为 11～18t，碾压遍数为 1～2 遍。其中，第一遍的前进采用静压方式，其他遍数进行振动。

1）初压应在紧跟摊铺机后碾压，并保持较短的初压区长度，以尽快使表面压实，减少热量散失。对摊铺后初始压实度较大，经实践证明采用振动压路机或轮胎压路机直接碾压无严重推移而有良好效果时，可免去初压直接进入复压工序。

2）碾压时应将压路机的驱动轮面向摊铺机，从外侧向中心碾压，在超高路段则由低向高碾压，在坡道上应将驱动轮从低处向高处碾压。

3）初压后应检查平整度、路拱，有严重缺陷时进行修整乃至返工。

（2）复压选择胶轮压路机，吨位为25～35t，碾压遍数为3～6遍。

1）复压应紧跟在初压后开始，且不得随意停顿。压路机碾压段的总长度应尽量缩短，通常不超过60～80m。采用不同型号的压路机组合碾压时宜安排每一台压路机作全幅碾压。防止不同部位的压实度不均匀。

2）对路面边缘、加宽及港湾式停车带等大型压路机难于碾压的部位，宜采用小型振动压路机或振动夯板作补充碾压。

（3）终压选择钢轮压路机，吨位为11～18t，碾压遍数为1～2遍，采用振、静结合方式，收光阶段采用静压。

3. 开放交通及其他

温拌沥青混合料路面应待摊铺层完全自然冷却，混合料表面温度低于50℃后，方可开放交通。需要提早开放交通时，可洒水冷却降低混合料温度。

沥青路面雨期施工应符合下列要求：

（1）注意气象预报，加强工地现场、沥青拌合厂及气象台站之间的联系，控制施工长度，各项工序紧密衔接。

（2）运料车和工地应备有防雨设施，并做好基层及路肩排水。

5.4　泡沫沥青冷再生技术

5.4.1　泡沫沥青冷再生技术重点难点

1. 旧路铣刨

在预铣刨深度范围内，一次性铣刨，不应分层铣刨；铣刨时应把铣刨机破碎梁放到最低处；选择同一型号的铣刨机进行铣刨并保持速度均匀。

2. 施工前准备

对旧路翻浆、软基及结构层失去承载力的路段进行处理；铣刨后旧路面不要留有夹层；摊铺前将铣刨面清理干净。

3. 混合料拌合

保证沥青最佳发泡温度，沥青的加热温度决定了其发泡性能，应避免其温度过低或过高；铲车应及时上料，保证供料充足。

4. 碾压工艺

双钢轮压路机静压1遍（一前一后为1遍），高幅低频振2遍，错1/2轮碾压；单钢轮压路机高幅低频2遍，低幅高频1遍，错1/2轮碾压；胶轮压路机带水碾压8～10遍，以表面有水迹但不出现弹簧为宜。

5.4.2　泡沫沥青冷再生技术施工工艺

1. 工地现场准备

（1）封闭交通

（2）准备原道路

清除原道路表面（包括不需要再生的相临行车道和路肩）的石块、垃圾、杂草等杂物。清除积水。

（3）旧路面铣刨与铣刨料的堆放

采用维特根 W2000 铣刨机两台对旧路面进行既定深度（约 9cm）的铣刨，铣刨速度控制在 6m/min。采用运输车直接将铣刨料运输至拌合厂集中堆放，防止在铣刨料堆放和生产过程中发生结块成团现象。

（4）下承层准备

路面铣刨后，清除所有夹层，清扫所有松动材料。

对原路面进行弯沉测试，根据设计单位提供的控制指标要求，对破损基层进行处理，保证处理位置的压实。

（5）测量准备

复核水准点高程，检查下承层标高。标出导向线。在摊铺段外测沿边线定边桩，每隔 10m 测定一点控制高程和横坡度，计算和标定导梁高度。用铝合金导梁控制标高，放好摊铺机摊铺厚度基准面。

2. 冷再生拌合厂准备

（1）热沥青供应

施工前沥青提前运至拌合站，注入沥青罐提前将沥青加热至 160～170℃。

其他辅助工具还有输沥青管、汽油喷灯、200L 去盖油桶、耐高温手套等配套工具。

（2）水的供应

有稳定的水源，经试验，其供水能力满足要求。

（3）水泥供应

采用运输罐车供应水泥，每天施工完毕后打入新水泥满足第二天的用量要求。

3. 再生混合料的拌合、运输、摊铺、碾压

（1）拌合

利用维特根 KMA220 进行再生混合料的拌合。装入 KMA220 的各组成材料通过设备的微机控制系统自动调整比例以符合设计级配。RAP 中的超粒径颗粒由一定尺寸的过滤筛孔进行去除，以保证混合料的级配和性能。沥青罐车和水泥罐与 KMA220 相接，提供混合料所需的泡沫沥青和水泥。进行沥青发泡之前，检查罐中的沥青温度是否符合要求，若低于发泡温度则不予使用。通过 KMA220 上的试验喷嘴检验现场沥青发泡效果。另外，拌合过程中对拌制出的泡沫沥青混合料进行检查，包括混合料的含水量以及沥青分布是否均匀、有无结丝等情况，以保证混合料性能符合设计要求。

（2）运输

拌合后的成品料用装载机装入自卸车上运输到现场进行摊铺。

泡沫沥青混合料采用干净、有金属底板的自卸汽车运输，将车辆底部及两侧均清扫干净。

摊铺时运料车靠近离摊铺机 30cm 左右时以空挡停车，使其由摊铺机推动前进。

运料车分两次进行卸料，第一次卸料斗起升高度为其总起升高度的一半，第二次随着摊铺机的不断前进进行混合料摊铺，配合摊铺机逐渐起升料斗进行卸料。

运输过程中，运料车辆均有篷布覆盖并扣牢，防止泡沫沥青再生混合料在运输过程中

水分散失。

（3）摊铺

本次采用 ABG423 型摊铺机摊铺泡沫沥青再生混合料，熨平板不必预热，如图 5.4-1 所示。

图 5.4-1　再生混合料摊铺

在每工作日的开工准备阶段，对摊铺机的刮板输送器、闸门、螺旋布料器、振动梁、熨平板、厚度调节器等工作装置和调节机构进行检查，再确认各种装置及机构处于正常工作状态后才开始施工，若存在缺陷和故障及时排除。摊铺前先调整摊铺机的机构参数和运行参数。其中，机构参数包括熨平板的宽度、摊铺厚度、熨平板的拱度、初始工作迎角等。

为了保证路面的厚度和提高基层的平整度，沥青混合料再生基层采用铝梁引导高程的控制方式。摊铺机到位后，安装并调试好基准梁，然后，调整好熨平板仰角，夯锤振幅、振频（采用高频、低幅），确保摊铺的混合料具有足够的初始密度；在没有其他负面影响的前提下，将熨平板的振频振幅调整到摊铺层的压实度达 85%，且以高频低幅控制。

摊铺速度根据拌合机产量、运力配置情况、摊铺宽度和厚度等条件，做到匀速、连续不间断地摊铺；摊铺机的运行参数为摊铺机作业速度，合理确定作业速度是提高摊铺机生产效率和摊铺质量的有效途径。若摊铺速度过快，将造成摊铺层松散、混合料供应困难，停机待料时，会在摊铺层表面形成台阶，影响混合料平整度和压实性；若摊铺时慢、时快、时开、时停，会降低混合料平整度和密实度。现 KMA220 的产量为 200t/h，摊铺机的摊铺速度控制在 2.0m/min 左右是比较合适的，能够保证连续不断的摊铺作业。

泡沫沥青混合料的摊铺保持连续、均匀，不间断地摊铺，并使混合料在布料槽中的高度，保持在中轴以上。

混合料摊铺系数：在摊铺机确定的振捣、振动频率下，测量泡沫沥青混合料的松铺系数，测得的结果为 1.30。

摊铺过程出现局部离析现象及时处理；另外，设专人对厚度、横坡度等各项质量问题进行跟踪检测，发现缺陷及时修补；修补不好的铲除重铺；发现其他偏差及时调整。

（4）碾压

碾压方案见表 5.4-1。

碾压组合表　　　　　　　　　　　　　　　　　　　　　　　　　表 5.4-1

碾压方案	碾压遍数
初压	双钢轮压路机 DD-130 静压 1 遍 低频振动 2 遍
复压	18t 单钢轮振动压路机低频振动 1 遍 高频振动 2 遍
终压	XP302 静压 10 遍

经试验证明，碾压方案压实度均满足要求，压实选择组合合理。每一碾压段长度控制

在 40～50m。

标高、横坡、厚度的控制方法：采用两侧走铝合金导梁的方法来控制摊铺厚度、横坡和标高。经检测，厚度、横坡和标高均符合要求，证明该控制方法是精确有效的。

每一作业段的合适长度：根据实际拌合机的产量，一天连续施工全幅 500m 左右的作业段长度是比较合适的。

基层的养生方法：泡沫沥青稳定基层采用自然养生的办法，拟定的养生时间为 3d，在养生期间，禁止一切车辆通行。从养生 3d 后的基层表面来看，养生效果较好。

5.5 高性能抢修砂浆材料应用技术

本系列高性能抢修砂浆产品是采用德国最前端的建筑化学技术，结合我国特殊环境工程的实际需要，研制、开发、生产出的高性能、高适应性的水泥基胶凝材料和复合材料，经变性处理后技术性能得到显著提升，具有高强度、早凝快、结构致密、水化热低、抗腐蚀、防渗漏、冻融循环优、流动性佳、适应性广等特点。

5.5.1 井周抢修水泥砂浆

1. 砂浆简介

专为检查井加固、抢修而研制的特种高性能砂浆，主要成分为特种高性能水泥、高效建筑化学外加剂等。这种在工厂配制好的高性能井周抢修砂浆施工简便，具有很好的和易性，可广泛用于各种市政检查井、污水井的加固、抢修和抢建工程。

2. 砂浆特性

（1）凝结时间快，早期强度高，后期强度增长稳定。1h 的抗压强度为 20～30MPa，即修复后的井盖道面 1h 以后就可投入使用。

（2）和易性好，具有很好的自密实性。

（3）材料硬化后所形成的水泥石结构具有很好的抗冻融和耐蚀能力。

（4）现场使用方便，可根据施工现场的需要，添加相应级配的硬质骨料，一次性施工厚度为 15～35cm。

3. 施工工艺

施工工艺如图 5.5-1 所示。

4. 施工案例

（1）案例一如图 5.5-2 所示。

（2）案例二如图 5.5-3 所示。

（3）案例三如图 5.5-4 所示。

（4）案例四如图 5.5-5 所示。

（5）案例五如图 5.5-6 所示。

5.5.2 立面修补砂浆

1. 砂浆特性

（1）具有良好的粘结力，与基面粘结牢固。

图 5.5-1　施工工艺

（a）污水井盖周边塌陷裂缝；（b）划线；（c）切割；（d）清除混凝土；（e）清除垃圾；（f）拉线安装模板；（g）拉线放置井盖；（h）铺设底层石子；（i）洒水湿润基层表面；（j）混凝土的搅拌；（k）混凝土的浇筑；（l）混凝土的振捣

（2）具有良好的结构致密性，可有效抵抗融雪剂等腐蚀（氯离子的侵蚀）。

（3）增强了混凝土构件表层的强度，延长了使用寿命。

（4）具有一定的柔性。

（5）具有很好的憎水性，具有一定的抗渗能力。

（6）具有很好的施工性，可机械化施工，对施工质量能够有保障。同时减轻了工人的工作强度，缩短了施工工期。

（7）无机材料，施工环保，对环境和施工者无任何污染。

2. 施工案例

以苏州桥防撞墩维修为例，如图 5.5-7 所示。

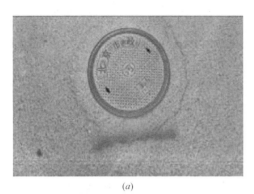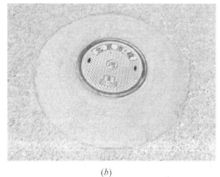

(a) (b)

图 5.5-2 案例一

(a) 施工前; (b) 施工后

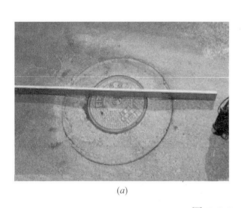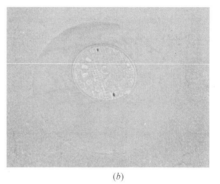

(a) (b)

图 5.5-3 案例二

(a) 施工前; (b) 施工后

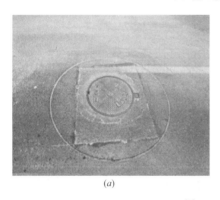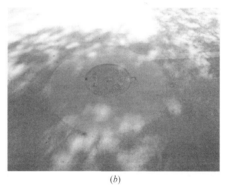

(a) (b)

图 5.5-4 案例三

(a) 施工前; (b) 施工后

5.5.3 灌浆抢修砂浆

1. 砂浆简介

以高性能无机胶凝材料作为基料,辅以具有抗离析、微膨胀和高流态性能的化学活性物质,以及优化级配的高强度骨料配制而成的一种新型工程材料。该灌浆料具有良好的流

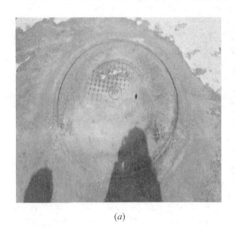

(a)   (b)

图 5.5-5　案例四
(a) 施工前；(b) 施工后

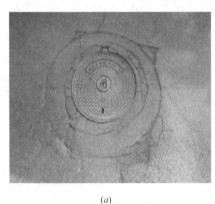
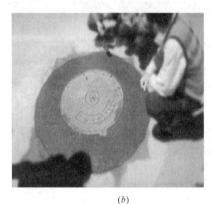

(a)   (b)

图 5.5-6　案例五
(a) 施工前；(b) 施工后

动性、早强、高强、高韧性、微膨胀、抗渗透、耐老化、无毒、无害、对水质及环境无污染等特性及多种使用功能。该产品施工简便，在工地只需加水搅拌至具有一定稠度的浆体后，即可使用相应的灌浆设备进行灌浆施工。

2. 适用范围

(1) 机场混凝土道面脱空（塌陷）区的灌注抢修。

(2) 桥墩加固、板面脱空等情况的修复。

3. 砂浆特性

(1) 施工操作简便，只需在现场加水搅拌就可在工地直接进行机械化的快速施工。

(2) 早强、高强：1d 抗压强度可达 35MPa。

(3) 自流性高：可填充全部空隙，满足设备二次灌浆的要求。

(4) 微膨胀性：保证设备与基础之间紧密接触，二次灌浆后无收缩。粘结强度高，与钢筋有很好的握裹力。

(5) 自密实性：施工无须使用振捣棒，自行密实。

(6) 灌浆料对金属无锈蚀危害。

(7) 灌浆料结构致密，具有很好的抗渗能力。

图 5.5-7 苏州桥防撞墩施工工艺

（a）人工初步处理；（b）凿掉锈蚀混凝土；（c）清理松散的表面保护层；（d）喷砂机进行钢筋除锈；

（e）人工涂刷钢筋除锈剂；（f）人工填补凹处；（g）涂界面剂；（h）喷浆机进行喷浆；

（i）瓦工进行抹平收面处理；（j）施工结束

4. 施工案例

(1) 跨海大桥桥下压力注浆,如图 5.5-8 所示。

(a)　　　　　　　　　　　　　　　*(b)*

图 5.5-8　跨海大桥桥下压力注浆

(*a*) 施工前;(*b*) 施工后

(2) 桥面注浆,如图 5.5-9 所示。

(a)　　　　　　　　　　　　　　　*(b)*

图 5.5-9　桥面注浆

(*a*) 施工前;(*b*) 施工后

5.5.4　桥缝修补砂浆

路桥抢修用(QX-LQ-系列)砂浆采用了德国最新的建筑化学原理,主要成分为特种高强水泥、高效化学外加剂和硬质骨料,是一种专为桥缝修补和更换而研制的特种高性能水泥砂浆。可根据客户对其快凝时间及强度标准的要求提供定制生产。可广泛应用于桥梁伸缩缝工程中,如图 5.5-10 所示。

5.5.5　防腐砂浆

钢结构无机聚合物防腐涂料是一种柔性的环保型胶凝材料,由粉料(A 组分)和液料(B 组分)两组分组成。该材料结构致密,耐候性强,与钢结构有很强的粘结力,能够很好地抵御氯离子、碳酸盐及硫酸盐等有害物质的侵蚀,起到防止有害物质对钢结构的腐蚀作用,因此可以广泛应用于各种钢结构的防腐保护,如图 5.5-11 所示。

砂浆特性如下:

图 5.5-10　桥缝修补施工案例

（a）京沪高速；（b）威海文登

（1）机械化施工：可在工地通过机械喷涂的方式把高性能钢筋防蚀砂浆直接喷涂到已捆扎好的钢筋表面，如图 5.5-12 所示。可快速及大面积在施工现场对钢筋进行防蚀处理。

（2）黏附力强、凝结快：这种材料和钢筋表面有很好的黏附力及相容性，28d 粘结强度为 1.0～2.0MPa。不易流挂，该砂浆凝结时间快。

（3）早强、抗腐蚀：该砂浆硬化后所形成的砂浆结构致密，其 1d 抗压强度为 30～70MPa，28d 为 60～150MPa。抗氯离子的渗透能力为 100～1000C（库仑）。

（4）施工操作简便，省时、省工，提高综合效益。

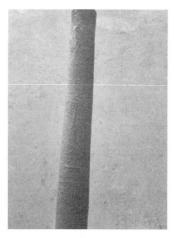

图 5.5-11　防腐砂浆

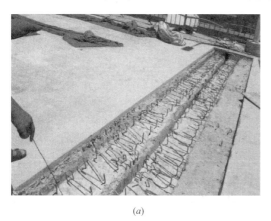

图 5.5-12　施工操作

（a）施工前；（b）施工后

5.5.6　水泥基无机聚合物防腐涂料

聚合物防腐涂料如图 5.5-13 所示。聚合物钢筋特点：

（1）增强混凝土和钢筋的粘结力；

（2）提高钢筋抗氯离子的侵蚀能力。

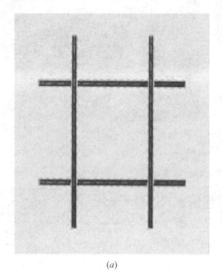

（a）　　　　　　　　　　　　　　　（b）

图 5.5-13　聚合物防腐涂料

（a）设计图；（b）施工图

5.5.7　机场抢修砂浆

1. 机场薄层抢修砂浆，如图 5.5-14 所示。

（1）凝结时间快，早期强度高，后期强度增长稳定。1h 的抗压强度为 40～50MPa，即破损道面经抢修 1h 以后就可投入使用。

（2）和易性好，具有很好的自密实性。

（3）材料硬化后所形成的水泥石结构具有很好的抗冻融能力和耐蚀能力。

（4）现场使用方便，一次性施工厚度在 10mm 左右。

（5）适合于道面的大型机械化施工。

图 5.5-14　机场薄层抢修砂浆

2. 机场厚层抢修砂浆

采用了德国最新的建筑化学原理，主要成分为特种高强水泥、高效化学外加剂和硬质骨料，是一种针对机场混凝土道面断板、掉角、啃边、裂缝等常见病害的抢修、抢建作业而研制的特种高性能水泥砂浆，如图 5.5-15 所示。可根据客户对其快凝时间及强度标准的要求提供定制生产。

3. 机场整板更换砂浆

用于机场、道路和桥梁等大面积板块的抢修抢建而研制的特种砂浆，主要成分是特种高性能水泥、高效化学外加剂和硬质骨料，如图 5.5-16 所示。这种在工厂配制好的高性能道面抢修抢建砂浆施工简便，具有很好的和易性，可广泛应用于各种混凝土道面的抢修和抢建工程。

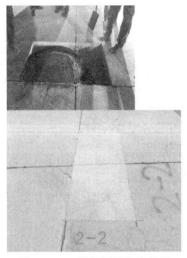

图 5.5-15　机场厚层抢修砂浆

图 5.5-16　机场整板更换砂浆

5.6　慢行系统

5.6.1　慢行系统简介

城市慢行系统就是慢行交通，就是把步行、自行车、公交车等慢速出行方式作为城市交通的主体，有效解决快慢交通冲突、慢行主体行路难等问题，引导居民采用"步行＋公交"、"自行车＋公交"的出行方式。

5.6.2　慢行设施的典型设计

1. 道路横断面设计

慢行一体化设计：将非机动车道与人行道设置在同一平面，用软性隔离的方式将行人和非机动车从空间上分离，达到保障安全、资源共享的目的。

2. 交叉口及路段过街设计

人行过街设计：慢行过街设施的设置依过街需求和道路条件而不同。交叉口、公交停靠站和大型住宅区出入口等节点都需要考虑设置慢行过街设施，设施类型根据具体条件设计。路段处过街除需要考虑交通需求，还要选择合理的间距，平面人行过街间距不应小于200m。平面人行过街宽度一般根据交通需求计算获得，并参考相关规范确定。在交通需求不能获得时，根据慢行设施所在道路两侧开发性质取值；非商业区，人行横道一般取 4～6m；商业区，行人过街流量较大，可以取 8～10m，可根据具体条件取更大值。

非机动车左转二次过街：交叉口内各进口道设置非机动车过街横道，形成连通的闭环，非机动车在环内逆时针流动，转角处设置左转非机动车待行区域，并用绿化或其他设施将其与机动车隔离。在信号控制上，将非机动车与行人信号统一管理，左转非机动车在直行相位进入左转待行区，在下一个直行相位实现左转。

中央驻足区（安全岛）设计：一般利用中央分隔带设置在道路中央，用于保护过街行人及非机动车的安全。中央驻足区的设置一般是依靠绿化带分配行人或非机动车驻足的空间，驻足区的宽度不小于 1.5m。同时，为避免机动车辆对慢行主体权益的侵害，在驻足区内设置等间距的隔离墩。

3. 交通管理及控制

信号控制：在交通设计阶段，对弱势群体安全的考虑，除了分配专用空间，还应该分配专用时间，即利用信号控制策略，分离行人、非机动车与机动车冲突点，达到保护弱势群体利益的目的。

交通语言：运用交通语言为行人和驾驶员提供必要的交通信息，是交通设施发挥作用的保证。

4. 与公交协调的慢行设计

对于常规公交停靠站通常采用平面过街方式，在设置 BRT 的公交走廊，道路中央分隔带一般较宽，BRT 站点可通过中央分隔带设置立体行人过街设施。

公交停靠站设置在交叉口：交叉口是各个方向人流会聚和分散最为便捷的地方，因而公交站点常设置在交叉口附近，乘客利用交叉口的慢行过街设施，如人行过街横道、天桥或地道完成过街、换乘等活动。公交停靠站设置在路段：可以采用"尾对尾"式设计，协调对向停靠站行人过街，提高乘客过街安全性。

5. 无障碍设计

缘石坡道设计：道路的高差会给行动不便者带来较大麻烦，在人行道、进出口等处需要设计合理坡度的缓坡。缓坡设计可参照《无障碍设计规范》GB 50763—2012。

盲道设计：盲道是盲人进行正常出行的保障，在设计时，应保证盲道的连续性、方便性。不要在盲道设置障碍物，保证盲人行走时的安全性。

立体过街设施设计：立体过街设施极大增加了行动不便过街者过街的难度，需要配置合理的无障碍设计。在人行天桥、人行地道设置坡道，以方便乘轮椅者通行，坡道坡度根据规范要求确定；同时，在坡道和梯道设扶手，以辅助老年人等的通行。

5.6.3 慢行系统施工案例

1. 自行车系统

（1）改进路权划分，如图 5.6-1 所示。

(a)　　　　　　　　　　　　(b)

图 5.6-1 路权划分
(a) 施工前；(b) 施工后

（2）自行车道彩铺，如图 5.6-2 所示。

（3）自行车道外绕，如图 5.6-3 所示。

（a）　　　　　　　　　　　　　　　　（b）

图 5.6-2　自行车道彩铺

（a）施工前；（b）施工后

（a）　　　　　　　　　　　　　　　　（b）

图 5.6-3　自行车道外绕

（a）施工前；（b）施工后

2. 步行系统

（1）局部步道拓宽，如图 5.6-4 所示。

（a）　　　　　　　　　　　　　　　　（b）

图 5.6-4　局部步道拓宽

（a）施工前（一）；（b）施工后（一）

(c)　　　　　　　　　　　　　　　　　(d)

图 5.6-4　局部步道拓宽（续）
（c）施工前（二）；（d）施工后（二）

（2）设置人行道桩，如图 5.6-5 所示。

(a)　　　　　　　　　　　　　　　　　(b)

图 5.6-5　设置人行道桩
（a）施工前；（b）施工后

（3）路口步道坡化，如图 5.6-6 所示。

(a)　　　　　　　　　　　　　　　　　(b)

图 5.6-6　路口步道坡化
（a）施工前；（b）施工后

（4）清理障碍物，如图 5.6-7 所示。

(a)　　　　　　　　　　　　　　　　　　(b)

(c)　　　　　　　　　　　　　　　　　　(d)

图 5.6-7　清理障碍物

（a）施工前（一）；（b）施工后（一）；（c）施工前（二）；（d）施工后（二）

5.7　城市家具

城市家具是指城市中各种户外环境设施，包含信息设施（指路标志、电话亭、邮箱），卫生设施（公共卫生间、垃圾箱、饮水器），道路照明，安全设施，娱乐服务设施（坐具、桌子、游乐器械、售货亭），交通设施（巴士站点、车棚），以及艺术景观设施（雕塑、艺术小品）等。

城市家具的设计应该具实用性、生态性、经济性与文化艺术性。从本质上讲，城市家具设计追求的是人与自然的和谐。使现代城市家具的形式和风格趋于生活化、环境化的同时，更具亲和力。一件好的城市家具设计作品更应该将艺术、技术、文化和设计巧妙结合，从而最大限度地满足人性需求。

5.8　交通综合整治

目前，城市交通设施建设发展迅速，但基础设施发展速度仍无法满足通行需要，交通拥堵问题时有发生，在上下班高峰尤为明显，影响了城市的交通安全和通行顺畅，也影响了城市的文明形象。主要表现在：时段性拥堵，违规占道经营现象严重，违章行驶、不遵守交通规则等。造成上述问题的原因主要是：每年车辆增长迅猛，给城区道路通行带来巨大压力；少数市民不守秩序，造成乱停、挤道、随意穿行甚至闯红灯等现象经常发生，特别是非机动车占用机动车道现象十分普遍；道路交通管理力度还不够，主要是对占道经营、乱停乱放、违规驾驶等管理力度有待加强。

为此，建议从以下几方面着手缓解交通拥堵：

（1）优化道路交通秩序，通过管理手段提高道路利用率。

（2）运用群众共管和科学管理的手段，把全市各有关的交通信息平台统一利用起来，建立科学、长效的管理制度。

（4）加强交通秩序整治宣传教育。

（5）进一步加快城市公共交通发展，把"公交优先"落在实处。

第6章

城市道路养护现场管理

6.1 安全作业管理

由于道路养护作业多为临时占路施工，交通安全是养护作业的最大风险源。病害出现的位置有突发性和偶发性，道路通行条件和路况复杂多变，为保证占路作业的安全，应建立标准的安全拦护方法，以作业单元的形式参与道路养护作业。

6.1.1 道路维修占路施工的管理要求

遵照相关标准，根据作业地点、作业内容提出占路施工的管理要求，细化到某条道路、某个路口或某个路段。施工前应取得交通管理部门的占路许可，按照许可路段和占路时间进行养护维修施工。

6.1.2 标准化占路作业施工拦护的相关要求

标准化作业单元的主要配备：导改车辆、反光锥筒、LED回转警示灯、方向箭头灯、防撞桶、限速提示牌、交通提示牌，现场交通疏导员。无论作业区域位于何种路况，每个作业区域均应配齐所有设施，如图6.1-1所示。

6.1.3 占路施工的具体管理要求

1. 道路占道作业的类型

按照占用道路作业时间和特点可分为：全天占道作业、限时占道作业、临时性占道作业、移动占道作业。

（1）全天占道作业

这种占道作业通常以道路改建或道路下方新增设施为主，如地铁、新建地下管沟等工程。特点是对道路局部进行长时间的封闭或导行，占道作业位置相对固定。交通拦护设施多采用固定式围挡，工程竣工后恢复道路交通。

（2）限时占道作业

限时占道作业属于当日的阶段性占道作业，以道路和管道的养护维修为主。占道作业时间按照交通管理部门的要求，在车流量较小或夜间的某时间段进行占道作业。一旦限时

(a) (b)

图 6.1-1　施工拦护
(a) 反光锥筒；(b) 方向箭头灯

期满，立即将占道作业的人员和设施撤离现场，恢复道路交通。

（3）临时性占道作业

临时性占道具有随机和不可预判性，即在占道作业前无法预先判断占道作业的位置和时间，无法预先制定详细的占道和交通导行方案。这种占道类型以突发性的道路和地下设施抢修抢险为主，特点是随机性强，占道作业时对交通影响较大。

（4）移动占道作业

移动占道作业的特点是维修车辆和设备占用道路的某一条车道进行作业，作业时行驶速度较慢或临时停车。此类占道作业多以绿化养护和环卫保洁等日常性作业为主。特点是占道作业位置不固定，短时间内阶段性的占用机动车道，过往车辆需要绕开作业车辆和设备通行。

2. 占道作业安全拦护的标准和依据

为保证占道作业的安全和减少因占道作业对交通的影响，我国交通部于 2004 年发布了《公路养护安全作业规程》JTG H30—2004，现行版本是 2015 所修订的。有些城市还根据自身的交通特点和占道施工情况颁布了地方性标准，如北京市于 2012 年 5 月 7 日颁布的《占道作业交通安全设施设置技术要求》。占道作业单位应严格按照相关标准配备交通拦护设施，结合交通管理部门审批的《占道作业拦护和导行方案》对占道部位进行安全拦护。

3. 道路占道作业的前期准备

（1）对道路的设施和交通环境进行调查分析

对拟占道路的宽度、车道数量、行车道布置形式、限制车速进行调查，在满足占道作业条件的同时，保证过往车辆正常通行。同时还需要对道路周边的环境进行调查，如机动车和非机动车隔离形式、周边是否存在密集车辆和行人的出入口。调查数据将作为编制《占道作业拦护和导行方案》的基础数据，确定占道作业的时间、拦护设施的码放形式、现场交通安全员配置等。

（2）编制《占道作业拦护和导行方案》的基本原则

除按照规范要求对占道作业平面图和导行方案进行布置外，占道作业方案还应同时考虑道路交通使用者的安全，根据道路交通使用者的自身安全防护能力不同，在编制占道作业方案时应重点按照行人、非机动车、机动车、整体交通的先后原则进行考虑。例如：占用人行道作业时，行人可能会被导入到非机动车道，这种情况应做好行人和非机动车的隔离和导行；占用非机动车道作业时，应开辟出新的非机动车道或临时借用机动车道保证非机动车通行，在导行时应使非机动车与机动车完全隔离。

在进行导行方案布置时，还需考虑道路现况市政设施的正常使用，如道路两侧的公交站台是否会因交通拦护设施的码放受到影响。占用人行步道作业时，盲道的使用是否受到影响，为保证这些公共设施的正常使用，在编制导行方案时应作为专项措施重点考虑。

（3）《占道作业拦护和导行方案》的执行准备

在实施占道作业前，应按照相关规范和交管部门已审批的《占道作业拦护和导行方案》要求配备拦护设施，对占道作业人员进行交通安全教育，对负责交通设施拦护的人员进行交通安全的专项交底。制定占道作业安全拦护实施时的先后顺序。对于特别复杂路段的交通安全拦护，应进行模拟演练。

4. 对交通安全拦护的应用理解

尽管已经出台《公路养护安全作业规程》《占道作业交通安全设施设置技术要求》等规范要求，但在城市道路进行占道施工时，仍然面临诸多问题，如城市道路路况复杂、平交路较多、市政公共设施分布密集等问题。在按照规范要求的设施种类和布置基础上，应对规范所要求的安全拦护功能和作用进一步理解，以便在实际操作中安全有效地落实。

占道作业交通安全拦护系统主要分为以下功能区，如图 6.1.2 所示：①预警区；②上游过渡区；③缓冲区；④作业区；⑤下游过渡区；⑥终止区。下面将详细介绍各功能区的设置要求和作用。

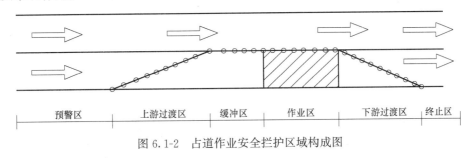

| 预警区 | 上游过渡区 | 缓冲区 | 作业区 | 下游过渡区 | 终止区 |

图 6.1-2　占道作业安全拦护区域构成图

（1）功能区

1）预警区

为保证过往车辆在有预见的情况下通过占道作业区域，在车辆进入占道作业区域前，应设置相关提示标志，告知过往车辆当前所处位置与占道拦护区域的实际距离，使驾驶员提前做出减速和变更车道的思想准备，避免因突然发现拦护区域且车速过快而造成的安全隐患。

根据不同等级道路和设计车速，相关规范规定了预警区的预警距离，如北京市执行的《占道作业交通安全设施设置技术要求》规定，城市快速路预警区域总长度不得小于1000m；主干路、次干路不得小于 300m。

2）上游过渡区

上游过渡区是对一条或多条车道进行封闭的渐变过程，已经通过预警区的车辆虽然已经减速前行，但在变更车道的选择上仍然需要通过上游过渡区实现，驾驶员通过观察渐变线和过渡区内的相关提示标志变更车道。上游过渡区除了提醒和引导车辆进入占道作业路段以外，还具有提前疏导交通，分流前方封闭车道通行压力的作用，在城市道路占道作业中，该功能的作用更加重要。上游过渡区的长度因道路设计车速和渐变封闭车道数量不同而不同。

3）缓冲区

缓冲区位于上游过渡区和作业区之间，其主要作用是为下游的作业区提供安全的缓冲空间，避免误闯入拦护区域的社会车辆直接与作业区域的机械和人员发生碰撞事故，同时为作业区的人员和车辆提供了应急反应和紧急避险时间。缓冲区一般要求设置防撞效能桶等能量吸收设备。

4）作业区

作业区是占道作业人员的主要活动区域，也是占道安全拦护的核心区域，对占道作业单位来说，所有拦护设施和功能区的设置都是为了保证该区域内的作业人员和机械设备的安全。可见，所有参与占道作业的人员和机械设备都不应超出该区域的拦护范围。

5）下游过渡区

下游过渡区与上游过渡区的作用相反，是逐步开放封闭道路的阶段，引导已通过作业区域的车辆逐渐按原行车道正常行驶，是占道作业的交通秩序逐渐恢复的过渡阶段，也是施工机械和车辆的出入口设置部位。下游过渡段内一般不再设置交通指示标志。

6）终止区

此区域已处于占道安全拦护区域以外，其主要作用是告知过往车辆已进入正常行驶阶段。一般设置解除限速标志。

（2）全天占道作业时间要求

全天占道作业时间在满足上述要求的同时，作业区域建议使用固定式硬质围挡进行全封闭拦护；拦护部位处于路口和转弯车道时，建议采用可视围挡进行拦护，便于驾驶员观察路口和转弯车道的交通情况。

（3）移动占道作业的要求

移动占道作业的特点是作业区始终处在移动状态，无法按照固定占道作业的方法进行拦护。在移动机械设备上必须安装 LED 箭头方向指示牌和明显的警示灯，作业机械设备后方应安装防撞消能装置；在行进过程中不宜频繁变更车道，如需临时停车，应逐渐降低车速直至停止。

5. 占道作业安全管理的注意事项

（1）安全拦护区域应始终处于安全有效状态

在安全拦护区域形成并投入使用后，占道作业现场应设专职安全员对拦护设施的完整和使用状态进行监督，禁止占道作业人员私自挪动和改变设施位置。因作业车辆进出作业区域而临时打开的拦护区域，应及时按原位置恢复，如发现拦护设施损坏或工作状态不正常应及时更换。

（2）码放和撤除拦护设施的组织工作

从实际占道安全拦护工作的经验可以看出，在正常通行的道路进行安全拦护设施码放和撤除时，是交通安全隐患最大的两个步骤。首先，当处在安全拦护设施码放阶段时，尚未形成安全有效的拦护区域，此时进行拦护设施码放的工作人员和车辆仍处于区域开放的危险状态。其次，在占道作业完成后，撤除交通拦护设时，拦护的设施减少，进行拦护设施撤除的人员和车辆逐渐暴露在已开放的交通环境中。为此除了按照常规的"顺码逆收"顺序以外，应根据实际道路的交通情况和环境，对上述两个步骤制定安全可行的专项进出场措施。

（3）交通导行的平面布置

占道作业交通拦护时，应尽量使拦护区域一侧紧靠道路内、外边线，尽量减少单独封闭中间一条或多条车道的做法，否则两侧通行的机动车会给施工作业人员造成一定心理压力，由于活动范围较小，需要同时注意两侧的安全情况，不安全隐患也会增多。在同一方向的不同车道内进行安全拦护时，应保证两个拦护单元之间有足够的变更车道距离，高速公路不得小于 1000m，一级公路不得小于 500m，避免通行车辆在短距离内呈 S 形路线行驶。

（4）桥面安全拦护

车辆经过桥面的上坡和下坡位置时，由于驾驶员观察前方路线的角度发生变化，会形成一定距离的路线判断盲区，为保证车辆在上桥和下桥前准确判断前方拦护导行情况，应将交通拦护系统的预警区和上游过渡区设置在桥面上坡起点以外位置，桥面上的拦护设施码放必须与通行方向平行，不得随意扩展拦护宽度，保证车辆按照提示经过桥面时不需要变更车道，如图 6.1-3 和图 6.1-4 所示。

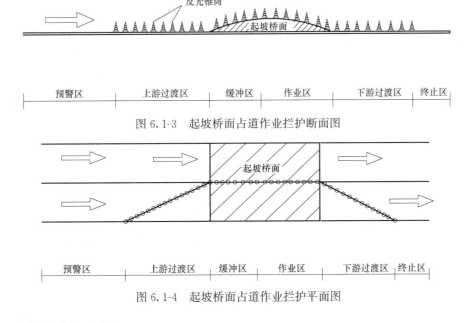

图 6.1-3　起坡桥面占道作业拦护断面图

图 6.1-4　起坡桥面占道作业拦护平面图

（5）隧道内施工拦护

隧道内占道作业拦护时，应将预警区、上游过渡区均设置在隧道洞口以外位置，隧道内的拦护必须呈直线状态或与原行车道走向一致，如图 6.1-5 所示。如隧道内的施工作业区位于弯道部位，应将拦护系统的缓冲区前移至道路直线段或洞口以外位置，必要时在隧道内部设置缓冲增加区，如图 6.1-6 所示。若占道作业部位位于隧道内的应急车道时，在编制导行方案时，还应考虑在紧急情况下，通过改变交通拦护的宽度和位置提供应急保障通道。

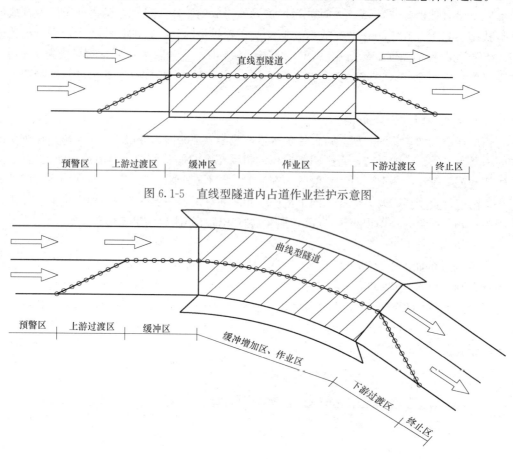

图 6.1-5 直线型隧道内占道作业拦护示意图

图 6.1-6 曲线型隧道内占道作业拦护示意图

6. 交通安全拦护设施的现场验收和交接

占道作业的交通拦护工作应由受过专业培训的交通导改队伍完成，把交通安全拦护作为一个重要工序进行管理和验收。在交通设施拦护完成后，由专职安全员进行现场验收，验收合格后，占道作业施工人员和机械方可进入作业区域施工。占道作业人员若发现安全拦护设施不完整或存在隐患，应及时向现场安全员汇报，并有权拒绝进入作业区域。

6.2 文明、环保施工管理

道路养护作业的服务目的在于保障社会车辆、行人的正常使用，提高道路通行舒适度，在对道路进行养护作业时，应在最大限度减少因施工在造成的不利影响。

根据北京市颁布的《北京市空气重污染应急预案》，空气预警共分为四个等级：蓝色预警、黄色预警、橙色预警和红色预警。空气污染预警时，道路养护作业的应对措施如下：

蓝色预警时：应加大对施工工地、裸露地面、物料存放等场所实施扬尘控制措施力度。在道路养护工作中，应避免出现大规模拆除工作，应按照无痕施工原则"随拆随修"，对暂时未修复的部位采用防尘布100％进行覆盖，施工作业现场不存放材料，保证施工完成后料净地清。

黄色预警时：应加大对施工工地、裸露地面、物料存放等场所实施扬尘控制措施力度，停止室外建筑工地喷涂粉刷、护坡喷浆、建筑拆除、切割等施工工作。在城市道路养护工作中，应停止大、中、小修的土方施工、砂浆拌合、砖石切割、道路设施喷涂等可能造成扬尘污染的一切工作，并对施工路段进行洒水降尘。

橙色、红色预警时：应停止除道路抢险、抢修以外的所有养护工作，按照《北京市空气重污染应急预案》要求对施工现场进行停工管理。

6.2.1 道路"无痕施工"

在道路养护作业时，应在规定时间内采取连续施工的组织方式，对于坑槽、铣刨加铺部位应当日连续施工完成，开放交通后不能留有竖向接茬和未加铺沥青的区域。当日施工结束后做到路面平整、机械撤场、材料清运、拦护设施撤离现场。

6.2.2 道路"降噪施工"

为减小养护作业对道路交通的压力，大部分养护维修工作需要在夜间进行，对夜间施工噪声的控制是文明施工的重点工作，布置施工现场时，堆料区、机械停放区应选在远离居民楼的位置。提高作业人员"降噪"意识，现场指挥机械车辆时，禁止鸣笛。选择低噪声的施工设备。

6.2.3 道路"降尘施工"

做好工地现场的扬尘防治工作，对裸露的路基和施工材料进行覆盖，施工过程中采用雾炮进行防尘处理，如图6.2-1所示。遇到空气重污染预警应停止常规养护施工，抢修抢险或紧急病害需要处置时，应加大环保措施。

(a)　　　　　　　　　　　　　　　　　　(b)

图6.2-1 防尘措施

(a) 覆盖路基；(b) 雾炮防尘